스무살 때보다 지금 더 꿈꿔라

스무살 때보다
지금 더
꿈꿔라

전미옥 지음

당신의 꿈을 현재진행형으로 바꿔라

여러분은 어린 시절의 꿈을 기억하고 있습니까? 그때는 모두들 정말 꿈이 컸습니다. 대통령이 되겠다고도 하고, 모자에 별을 번쩍 번쩍 단 장군이 되겠다고도 했습니다. 우주선을 타고 탐험을 하는 우주비행사가 되겠다면서 커다란 도화지에 자신의 꿈을 큼직하게 그려 보이기도 했습니다.

환상과 현실에 대한 구분이 별로 없었던 시절, 아마 그때의 꿈은 우리의 모든 인생에 걸쳐 가장 크기가 컸을 것입니다. 그러나 지금은 어떤가요? 현실 속에서 우리의 꿈은 환상과 충돌하고, 상처받으면서 점점 작아지다가 이제는 초라해지고 보잘것없어져, 이렇다 할 꿈이라곤 없는 오늘에 이른 건 아닐까요?

하지만 잘 생각해보십시오. 여러분에게는 아직 가슴 한 편을 설레게 하는 소망이나 절실한 꿈이 있을 것입니다. 찾아보면 잠시 잃어버렸던 생의 목표도 있을 것입니다. 부자든 가난한 사람이든 꿈을 갖고 있지 않은 사람은 없습니다. 꿈이야말로 세상을 살게 하는 힘이고 에너지이기 때문입니다.

공상이 아닌 진짜 꿈꾸기

동티모르의 작은 마을 사메 로뚜뚜에서 커피콩을 공동 생산하는 데 큰 역할을 한 것은 다름 아닌 NGO에서 일하는 우리나라 여성 양동화 간사였습니다. 이십대 후반에 그곳에 들어가 이제 서른 남짓 된 이 한국 여성은 단순히 커피콩을 심고 가꿔 소득 증대를 꾀한 것만이 아니라, 가난과 무기력이 몸에 배어 자신들은 늘 가난할 수밖에 없다고 생각하는 마을 사람들에게 '우리도 할 수 있다'는 자신감과 희망의 씨앗을 심었습니다. 마을의 한 촌부는 "그녀가 오면서부터 우리는 꿈을 꾸게 되었고, 미래에 대한 계획을 가지게 되었다"고 말합니다.

꿈이란 바로 이런 것이 아닐까요? 막연히 무언가 되겠지, 하는 공상과 상상을 넘어 지금의 현실을 견디게 해주고, 크고 작은 어려움도 기꺼이 받아들일 수 있는 여유를 가지게 하는 것 말입니다. 하루하루를 그냥 흘려보내지 않고 꿈과 목표를 위해 계획을 세워 움직이고, 새로운 것을 도모하게 만드는 힘 말입니다.

꿈에도 애프터서비스가 필요합니다

많은 사람들이 자신은 꿈을 가지고 있다고 말합니다. 하지만 정작 그 꿈을 이루기 위해 구체적인 노력을 하는 사람은 많지 않습니다. 진정 꿈을 가지고 있다면, 꿈을 꾸는 것으로만 만족할 것이 아니라 이제부터라도 그 꿈을 이루는 데 더 많은 시간과 노력을 기울여야 합니다.

이 책에는 여러분이 꿈을 꾸고, 그 꿈을 이루는 데 도움이 될 만한 이야기를 풀어놓았습니다. '나이' 라는 울타리에 갇혀 아직 망설이고 있는 분들에게 격려와 응원의 메시지를 던지는 1장에는 인생에는 왜 꿈이 필요한지, 꿈이 있는 인생과 그렇지 않은 인생은 어떻게 다른지에 대한 이야기가 담겨 있습니다. 2장에서는 꿈을 가지고 성공한 사람들, 성공한 뒤에도 여전히 새로운 꿈을 꾸며 또 다른 성공의 문을 두드리는 사람들의 이야기를 통해 꿈이 있는 인생은 어떻게 다른지에 대한 구체적인 사례를 들어보았습니다. 3장에서는 일상생활에서 실천할 수 있는 작지만 중요한 습관에 대해 이야기합니다.

자기 내면 성찰하기, 커뮤니케이션 기술, 유머 등은 몸의 일부분처럼 자연스럽게 몸에 밸 때 큰 효과를 발휘하는, 사소하지만 놓치기 쉬운 습관입니다. 4장은 꿈을 이루기 위해 당장 시작해야 할 일들에 관한 내용입니다. 리모델링, 인간관계, 브랜드 만들기, 시간 관리는 새로운 꿈을 꾸며 인생을 다시 시작하거나 또는 좀 더 업그레이드하고자 하는 분들께 가장 효율적인 지침이 될 방법을 제시합니다.

처음부터 차례대로 읽는 것이 가장 좋겠지만 시간 날 때마다 마음에 드는 페이지를 펼쳐 읽어도 도움이 되도록 하였으니 가까운 곳에 두고 틈 날 때마다 읽으면 위로와 용기를 얻을 수 있을 것입니다.

대한민국 보통의 성인이라면 아마도 매일 반복되는 똑같은 일상 속에서 더 이상 나아지지 않는 삶이 계속되는 것 같아 지루하고 답답하며, 무언가 꽉 막힌 느낌을 지울 수 없다는 기분에 공감할 것입니다. 그러나 자세히 들여다보면 그런 가운데에서도 조금이라도 나아지기 위해 애쓰는 모습이 분명히 있습니다. 그래서 사람들은 힘을 내어 오늘도 출근길에 나서는 것입니다.

이제는 잊었던 여러분의 꿈을 다시 키워야 할 때입니다. 낡고 고장난 물건에 애프터서비스가 필요하듯, 꿈에도 애프터서비스가 필요합니다. 이것은 오직 자기 스스로만이 할 수 있는 일입니다.

꽉 찼던 열정이 다 빠져나가고, 헐렁해지고 쭈그러든 내 소망 주머니에 새로운 꿈과 목표를 다시 가득 채워보십시오. 그렇게, 지금부터 어린 시절 꾸었던 당신의 아름다운 꿈을 스스로 애프터서비스 해봅시다!

2010년 여름
전미옥

차 례

1
꿈이 있는
인생은
다르다

인생을 길게 느끼는 사람과 짧게 느끼는 사람의 차이는 무엇일까? 나이가 젊을수록 인생이 길다고 느끼는 반면, 나이가 들수록 인생은 짧다고 생각한다. 지나온 세월이 많을수록 인생을 짧게 느끼는 것이다. 하지만 하루 24시간은 모든 사람에게 똑같이 주어지며, 그 안에서 우리는 자기 인생의 무늬를 스스로 만들어가야 한다.

첼리스트 겸 지휘자 장한나는 "하는 일이 너무 많고, 하고 싶은 일이 너무 많아, 일주일이 7일이 아니라 10일이었으면 좋겠다"라고 말했다. 이미 많은 것을 이룬 듯 보이지만, 아직도 이룰 꿈이 많이 남아 있기 때문이 아닐까? 열정을 다해서 사는 사람은 인생이 짧다고 느끼기 때문에 더욱 열심히 살게 된다.

사람이 한평생을 뜻 있게 살려면 나름대로 인생 설계가 있어야 한다. 당신의 인생 설계는 무엇인가?

'인터넷의 지배자'라고 불리는 재일한국인 손정의는 19세에 '인생 50년 계획서'를 만들었는데, 여기에는 이미 60대의 자신의 모습이 들어 있었다. 그는 사업을 시작하기 전에 이미 자기 인생의 끝을 어떻게 장식할 것인지 분명한 상을 세웠고, 도달해야 할 목표가 분명했다. 이를 이루기 위해 그는 불가능해 보이는 일들에 도전했고, 마침내 그것을 이루어냈다.

2.

왜 끊임없이 꿈을 꿔야 하는가. 늦었다고 낙심하거나 나이 때문에, 과거 때문에, 보잘것없는 현재의 내 모습 때문에 자꾸만 작아지는가? 그러나 꿈이 더 필요한 세상에서 자신을 사랑하는 사람에게 '늦은 때'란 없다. '이 다음에' 할 수 있는 일은 '지금도' 할 수 있는 일일 경우가 더욱 많기 때문이다.

만약 나의 꿈, 나의 목표가 무엇인지 몰라서 계획을 세우는 데 어려움이 있다면, 내 60대의 모습은 어떨지를 한번 떠올려보자. 나는 어떤 사람이고 싶은가. 바로 그것이 수첩의 첫 장에 적어놓을 가장 원대한 목표가 될 것이다.

고작 마흔에 '나이' 타령 그만해라

"이 나이에 새로운 일을 할 수 있을까?"

"5년만 젊었더라도 좋았을 텐데, 너무 늦었어."

"그때 결단을 내렸어야 했는데, 아무래도 지금은 틀렸어."

평소에 이런 말들을 습관처럼 하지는 않는가.

이런 한계를 뛰어넘지 못하면 우리의 생각은 고인 물처럼 정체되고 만다. 그 한계를 넘어서는 생각이 바로 당신이 가져야 할 1%다.

'나이'가 당신의 최대 약점인가

싸움을 하면 목소리 큰 사람이 이긴다는 말이 있다. 서로 싸우다가 한쪽에서 "너 몇 살이나 먹었어?"라고 하면 감정은 더욱 격한 상승 곡선을 타기 시작한다. 이쯤 되면 본래 싸움의 발단이 된 문제는 접어둔 채 "너는 부모도 없느냐?", "머리에 피도 안 마른 것이 누구한테 감히……", "나잇값이나 하시지" 등등 본질에서 벗어난 공방전이 오가게 된다.

우리는 자신이나 상대방의 나이에 지나치게 민감하다. 이런 감정이 스스로를 가두는 거대한 울타리라는 것을 알아채지 못하고, 심리적 한계선을 너무 빨리 그어버리는 것이다. 스스로 새로운 것을 준비하거나 시도하는 것을 불가능하다고 생각하는 연령대는 40대나 50대, 심지어는 30대에까지 걸쳐 있다.

자신의 나이가 40세라고 가정해보자. 평균 수명이 늘어나는 추세로 미루어 100세까지 산다고 할 때, 40세라는 나이는 인생의 반환점도 채 돌지 않은 나이다. 따라서 세월의 길이를 어떻게 받아들이느냐에 따라 인생은 짧게도, 또는 길게도 느껴질 수 있다.

주어진 인생을 길게 사는 방법에는 두 가지가 있다. 하나는 세상 사람들이 어떻게 생각하든 나이의 한계를 과감히 벗어 던지는 것이고, 또 하나는 매순간 치열하게 주어진 시간을 가꿔나가는 것이다. 새로운 것에 도전하고 싶지만 나이 때문에 미루고 있다면 좀 더 자신에게 신랄해져야 한다. 자신의 게으름이나 우유부단함을 합리화하기 위해 '나이'를 핑계 삼는 것은 아닌지 스스로에게 물어보자.

많은 사람들이 게으름을 합리화하는 강력한 도구로 나이를 이용한다. 두뇌는 30세가 지나면서부터 다른 움직임을 보인다고 한다. 그래서 새로운 일에 바로 익숙해지는 사람과 이전의 두뇌 사용법에서 벗어나지 못해 새로운 일에 잘 적응하지 못하는 사람으로 나뉘게 된다.

삶을 치열하게 살아가는 사람은 자신의 두뇌 능력 가운데 종합하는 기능이 나이와 함께 예리해지고 있음을 체험하게 된다. 어떤 분

야를 꾸준하게 갈고 닦아왔다면 두뇌의 밀도가 높고 촘촘해지는 것
이다. 그러므로 나이에 얽매이지 않고 계획을 세워 항상 새로운 것
에 도전하는 자세로 꾸준히 자신을 갈고 닦아야 한다. 인생을 새로
운 것을 찾아가는 하나의 과정으로 받아들이는 자세가 필요하다. 누
구나 똑같이 나이를 먹지만 은퇴하는 나이는 제각각이기 때문이다.

몸의 나이가 더 늙었을지 모른다

　맑은 얼굴로 곱게 잘 늙은 어른들을 보면서 '나도 나이 들어서 저
런 얼굴이 되었으면……' 하고 생각한 적이 있을 것이다. 마음과 몸
을 잘 다스리고 살아온 사람의 얼굴이다. 하지만 그런 얼굴은 하루
아침에 만들어지지 않는다. 단순히 좋은 화장품을 사용하거나, 잘
먹고 걱정거리가 없었기 때문에 곱게 늙은 것이 아니다. 그런 사람
은 십중팔구 평생 동안 지치지 않는 자기 관리를 해왔을 것이 틀림
없다. 마음을 잘 다스리며 규칙적인 생활 습관이 몸에 배어서 자연
스레 그런 얼굴이 만들어지는 것이다.
　그런 사람은 자기 몸에 대해 잘 알기 때문에 신체 변화에 예민하
며, 이상이 있으면 그에 잘 맞는 처방을 찾아 그 선을 철저히 잘 지
킨다. 얼마만큼 먹어야 편안한지, 하루 중 언제 잠이 들어야 아침에
일어날 때 가뿐한지, 어느 시간이 가장 컨디션이 좋아 일하는 데 집
중력이 높은지 등을 잘 안다. 또 몸이 좋지 않을 때는 약이나 병원을
찾지 않고 스스로 생활습관과 식습관을 조절해 이겨내기도 한다. 따
라서 자신의 몸을 잘 아는 것은 매우 중요하다. 한 텔레비전 프로그

램에서 운동을 전혀 하지 않는 30대 중반의 직장인과 평생 동안 하루 한 시간 걷기를 실천해온 70대 노인의 신체 나이를 측정한 결과 두 사람의 신체 나이가 완전히 뒤바뀐 사실을 소개한 적이 있다.

숫자로 표시되는 나이에 지나치게 민감한가? 자신의 몸의 나이를 알고 나면 의외의 결과에 놀랄 수도 있다. 정신 연령에 대해서는 많은 사람들이 이야기해왔다. 그러나 이제는 몸의 나이에 예민해지자. 자신의 몸을 정확하게 아는 것은 풍요로운 미래를 꿈꿀 수 있는 바탕이 되기 때문이다. 웰빙 코드로 시작된 건강에 대한 관심은 반신욕, 족욕 등 온갖 열풍을 불러왔지만 무조건 유행에 따르기보다 먼저 자신의 몸에 대해 잘 알고, 한 가지라도 꾸준히 실천하면서 마음까지 건강해질 수 있도록 하는 것이 바람직하다. 내 몸을 아는 것은 나를 알아가는 여행에서 빠뜨릴 수 없는 요소이며, 나이를 얼마든지 뛰어넘을 수 있는 가장 훌륭한 비결이다.

기회는 예순 살에도 찾아온다

인생에서 기회를 얻는 때는 저마다 다르다. 치명적인 위기 역시 마찬가지다. 1위의 자리를 지키고 있다고 자부하는 순간에도 위기는 더 은밀하게 야금야금 다가오고 있는지도 모른다. 그러므로 한창 젊다고 자만할 것도 아니고 이제 내리막길에 들어섰다고 실망할 것도 없다. 평균 수명이 점점 늘어나는 추세로 보면 40대는 또 다른 시작이기도 하다. '반밖에 남지 않은 인생'이 아니라 '반 이상 더 남은 인생'이기 때문이다.

쫄딱 망했던 사람이 세계를 지배하다

일에서 한번 템포를 놓치면 좀처럼 회복하기 힘들다. 또 다시 장애물에 걸려 넘어지지 않을까 하는 부정적인 상상이 몸과 마음의 균형과 평정을 무너뜨리기 때문이다. 이것은 실패가 가장 나쁘게 작용하는 사례다.

'이번에는 실패하면 안 된다. 반드시 성공해야 한다.'

혹시 이런 생각에 사로잡혀 있지는 않은가. 책임져야 할 가족이 있고, 나이도 있으니 시행착오를 겪으며 시간을 허비할 수 없다는 강박증을 갖고 있지는 않은가.

인생 중반이나 후반에서 크게 성공하거나 그야말로 인생역전 드라마를 이루어낸 사람들은 많다. 그들은 이미 젊은 시절부터 수많은 실패와 시련을 거치면서도 포기하지 않고, 일에 대한 열정과 끊임없는 사고의 전환을 거듭한 결과 마침내 중년과 노년에 이르러 화려한 성공의 꽃을 피웠다.

평생을 바쳐 이룬 사업이 쫄딱 망하고도 다시 일어선 대표적인 인물이 바로 세계적인 패스트푸드 체인점 KFC의 창업자 홀랜드 샌더스다. 여섯 살 무렵 아버지를 여읜 샌더스는 어머니마저 재혼하자 초등학교를 중퇴하고 열 살이 되던 때부터 생활전선에 나섰다. 갖은 고생 끝에 켄터키 주에 주유소를 차린 그는 편안한 여생을 사는 데 모자람이 없었지만, "이 마을에는 변변한 식당 한 군데 없다"는 한 여행객의 불평에 착안하여 마흔 살의 나이에 튀김 요리를 파는 간이식당을 열었다. 보통 팬에 기름을 넣고 닭을 튀기면 시간이 오래 걸린다는 사실에 착안해, 압력솥을 이용해 빠르게 튀기는 요리법도 고안해냈다.

새로운 분야의 창업은 그의 나이 마흔 살에 이룬 커다란 변화였다. 식당이 번창하자 그는 주유소를 그만두고 식당에만 몰두하여 성공한 사업가로 변신했다. 하지만 그 후에도 식당이 경매로 넘어가는 등 시련은 그치지 않았다. 그러다가 자신이 고안해낸 요리법을 전수해주고 로열티를 받으며 시작한 프랜차이즈 사업이 들불 일어나듯 성공을 거두어, 70세에는 무려 200개가 넘는 체인점을 확보할 수 있었다. 그 이후 경영 능력의 한계를 느껴 회사를 팔고 다시 그 회사의 직원으로 들어가 KFC의 사업 확장을 위해 끝까지 노력했던 그는 90세가 넘을 때까지 일했다.

그럴듯한 학벌이 없어서 성공하지 못한다고 느낄 때, 마흔 살이 넘은 나이에 새로운 것을 시작한다는 것이 두려울 때, 크나큰 실패를 겪었을 때에는 자신이 잘할 수 있는 부분을 응용한 사업으로 노년에 재기한 그를 떠올리면 적잖은 힘이 될 것이다. '죽는 날까지 열심히 일한다' 라는 좌우명으로 살았다는 샌더스는 중년의 나이가 청년과 조금도 다를 바 없음을 몸소 보여준 인물이다.

의지가 없는 사람은 핑계부터 댄다. 아침 일찍 일어나서 하루를 시작하면 하루가 길지만 오전 10시쯤 일어나 아침 겸 점심을 먹는 일요일은 언제 지나갔는지 모르게 훌쩍 지나간다. 시작은 지금이라도 충분하지만 한번 시작했다면 아침 일찍부터 뜨겁게 노력해야 한다.

목표가 뚜렷하면 50년 후가 설렌다

30대부터 삶은 점차 치열해진다. 인생에 새 도전장을 내고 승부를 거는 시기인 만큼 목표와 계획을 치밀하게 관리하는 지혜로움도 함께 갖춰야 한다. 인생의 밑그림을 그리되, 추상화가 아니라 구상화가 되어야 하며, 할 수 있다면 부분적으로는 세밀화가 되어야 한다.

1953년 예일대학교는 졸업생들을 대상으로 어떤 목표 의식을 갖고 있는지 조사했다. 대부분의 학생들은 목표가 아예 없었고 단 3%만이 자신의 목표를 뚜렷하게 글로 적었다. 20년 후에 다시 이들을 조사한 결과, 목표가 뚜렷했던 3%의 졸업생들이 쌓은 재산이 나머지 97%가 가진 재산보다 훨씬 많았다.

'소프트뱅크'의 창업주 손정의 회장 역시 어린 시절에 이미 50년 후 자신의 모습을 그렸다고 한다. 목표나 전략이 없는 백지 상태라면 밑그림부터 크게 그린 다음 뚜렷한 실선으로 바꿔 그리면 된다. 하지만 궁극적으로 그려야 할 목표가 실선이라는 것은 기억해야 한다.

목표를 세울 때 유념해야 할 점은 그 목표가 '자극적'이어야 한다는 것이다. '자극적'인 목표란 당장이라도 행동으로 이어지도록 하는 목표를 의미한다. 분명한 성취가 있고 보람이 가득한 목표가 아니라면 다시 세워야 한다.

당신의 삶은 지금도 충분히 치열하다. 하지만 그 치열함이 진정한 빛을 발하려면 지금보다는 좀 더 치밀하고 용의주도해야 한다. 뚜렷한 목표 의식과 세밀한 실천 계획은 당신이 그린 인생의 지도 위를 가볍게 달리는 기차의 철로가 되어줄 것이다.

10년 후 '10년 전으로 가고 싶다'고 하지 않으려면

새로운 일에 도전할 때에는 반드시 초기 비용이 든다. 전문 지식을 얻기 위한 공부는 물론이고 사업 또한 마찬가지다. 이러한 투자가 없으면 상대적으로 몸으로 뛰는 일의 양이 많아진다. 이러한 것들을 감안하지 않고 도전하거나 제2의 인생에 대한 꿈만 화려하다면 곤란하다. 돈이나 명예에 대한 욕심을 버리고 멀리 내다보는 것이 중요하다.

새로운 일에 도전한다면 처음엔 배우고 익히는 비용이라 생각하고 기꺼이 손해를 감수해야 한다. 대가 없이도 일하겠다는 마음가짐과 발상의 전환이 필요하다.

첫째, 한 달간의 실행 계획을 세운 후 무급 일자리나 각종 아르바이트, 봉사활동, 시민운동, 해외 취업, 이민 등을 적극적으로 알아보자. 둘째, 오늘을 인생에 남아 있는 날의 첫날이라 생각하고 자기 사명 선언문을 작성해보자. 마지막으로, 성실성을 증명하는 일기를 써서 기록을 남기자.

그리고 다음 질문에 답해보자. 만일 당신이 10년 전으로 되돌아간다면 생활 방식에 어떤 차이가 있을까? 또한 10년 후, 같은 질문을 받는다면 어떤 대답을 할 것인가? 10년 후 어떤 대답을 하는가는 오늘을 어떻게 사느냐에 달려 있다.

평생 직장이 아닌 평생 직업의 시대에는 지금 어떤 직장에 다니느냐는 그리 중요하지 않다. 10년 정도의 장기적인 비전과 계획을 세우고 준비해나가는 것이 더 중요하다. 자신이 맞추기 힘든 조건이라면 스스로 조건을 만들면 된다. 수요와 공급의 법칙이 지배하는 사회에서는 선택되기만 기다리지 말고 철저한 준비로 내가 선택할 수 있는 환경을 조성해야 한다. 준비하는 사람에겐 반드시 좋은 기회가 오게 마련이다.

당신에게 일이란 무엇인가

성인 남녀라면 누구나 일과 관련된 고민과 갈등, 기회와 도전, 성
공과 실패 등의 문제에 직면하게 된다. 큰 잘못을 저지르지 않는 한,
직장생활에 큰 무리가 없었던 시대를 넘어서, 스스로 경쟁력을 관리
하고 계발하지 않으면 살아남을 수 없는 시대다. 더 발전된 나를 위
해 일이란 어떤 의미를 가지는지 삶의 큰 틀에서 고민해보는 것도
의미 있는 일이다. 확고한 동기와 목적이 있을 때 자신이 하는 일에
열정과 성실성이 불타오르기 때문이다.

일이 없는 상황을 상상해보라

"저는 아침에 출근해보는 게 소원입니다. 아침에 눈을 떠도 갈 곳
이 없다는 것이 얼마나 참담하고 쓸쓸한지 모릅니다."

취업이 하늘의 별 따기라는 말은 어제 오늘의 일이 아니다. 무능

해서 취업을 못하는 경우도 있지만 좋은 학교를 나오고 나름대로 의욕도 있고 성실한데도 취업을 못해서 출근하는 것이 소원인 사람들이 의외로 많다.

우리에게 있어 일이란 무엇일까. 먹고사는 데 필요한 것을 해결해주는 경제적 대가만으로 일의 가치를 따지는 것은 아무래도 부족하다. 일이란 휴식과 놀이 또는 여가 활동을 제외한 모든 생산적인 활동을 말한다.

오늘날의 삶은 자연의 섭리나 자연 환경만으로는 보장되지 못한다. 그래서 '일'을 통해 사람들이 필요로 하는 세계를 만들어나가는 것이다. 일은 생존과 직결되는 문제는 아니지만, 인간의 욕망에 대응함으로써 간접적으로 인간의 욕구를 채워준다. 우리는 직업을 통해서 기본적 욕구와 사회적 욕구를 충족시키며 삶을 완성해간다. 일은 삶 그 자체이고 삶의 내용이기도 하며 삶의 중심 과정이기 때문이다.

아침 일찍 출근하는 것이 지겹다고 생각하는 사람, 월급은 쥐꼬리만큼 주면서 착취만 한다고 불평하는 사람, 이 세상에서 제일 까다로운 사람은 상사라고 생각하는 사람, 회사를 위해서는 조금도 희생하려고 하지 않는 사람이 있다면 더 이상 할 일이 없는 상황을 가상으로라도 그려볼 필요가 있다. 이는 열정의 우물에서 자신의 일에 대한 애착과 애정을 다시 길어 올리기 위해서라도 꼭 필요한 과정이다.

생계수단의 일과 사회적 역할의 일

직업 활동은 삶의 가장 핵심적인 부분을 차지하기 때문에 직업을 어떻게 수행하느냐가 곧 삶의 질을 좌우한다. 단순히 경제 활동에 필요한 보수를 받기 위한 것이 아니라 적극적으로 사회적 역할을 맡고 그것을 수행함으로써 사회에 기여하고 공헌했을 때 그 사람의 삶은 윤택하게 빛난다.

마더 테레사처럼 이타적인 삶을 살았던 사람들은 일의 사회적 역할에 무게를 두었다고 할 수 있다. 그러나 사람은 각자 개성이 모두 다르다. 소질과 재능, 취미가 다르기 때문에 사회적 역할이나 사회에 기여하는 문제만으로는 만족하지 못한다. 일을 함으로써 자신의 개성을 발휘하고 자기 계발을 할 수 있다는 점에서 더욱 만족감이 높아지는 사람도 있다. 이런 사람들은 자신의 욕구를 충족시키고 이상이나 자아를 일을 통해 실현함으로써 삶의 의미를 찾고 더욱 즐겁게 일하는 사람들이다. 남들이야 뭐라고 하든, 턱없이 적은 보수를 받는 무명이라 할지라도 자존심을 지키며 연극 무대에 서는 사람들의 끼와 자기만족은 누구도 가로막지 못한다. 나는 과연 일의 어떤 부분에 더 중심을 두는지 한 번쯤 깊이 생각해본다면 일을 하는 자세나 방법도 지금보다는 훨씬 창조적으로 바뀌게 될 것이 분명하다.

어떤 분야나 마찬가지지만 즐거운 마음으로 하지 않으면 일에서 성공을 기대하기는 어렵다. 꼭 성공하기 위해 직장을 다니는 것은 아니지만, 사회적 공헌이나 자기 발전이라는 높은 가치를 가진 일이라면 더욱 즐겁게, 열정적으로 해야 하지 않을까. 일은 삶의 내용이다. 이왕 하는 일이라면 즐겁게 하자. 즐겁게 일하는 사람에게는 자연히 열정이나 창의성이 샘솟으며, 이런 긍정적인 생각이 자신의 성장에 얼마나 큰 영향을 미치는지 머지않아 알게 될 것이다.

밥 먹는 것도 잊고 즐길 수 있는 일이 있는가

"어디 좋아하는 일만 하고 살 수 있나?"

우리는 이렇게 자조와 체념이 섞인 말을 쉽게 한다. 물론 좋아하는 일만 하고 살 수는 없지만, 살면서 해야 하는 많은 일 중에서 한 가지쯤은 좋아하는 일을 하면서 사는 것은 가능하다. 좋아하는 일을 찾아서 할 수 있는 것은 크나큰 행복이다. 그 행복 속에 넓은 길이 숨어 있기도 하다.

당신이 무엇을 좋아하는지 알고 있는가

우리는 남의 눈을 의식하는 데 익숙하다. 내가 좋은 것보다 남에게 보기 좋은지, 나는 괜찮은데 남들은 어떻게 생각하는지 등에 신경 쓰며 살아온 시간을 따지면 은근히 억울할지도 모른다. 지나고 보면 별것 아니거나 그다지 신경 쓸 필요가 없는 일들이 대부분이기

30

때문이다. 다른 사람의 가치관은 다른 사람의 것이다. 상식을 벗어나는 일이 아니라면 자신의 가치관을 소중하게 지켜나가는 것이 나중에 어떤 자리에서든 자기 자신에 대해 당당하고 대견스러운 마음이 들 것이다.

자신을 잃지 않고 정상에 서야 비로소 진정한 성공을 이루었다고 할 수 있다. 따라서 자신의 경력 지도를 그리면서 내가 끝까지 지키고 싶은 가치는 무엇인지, 어떤 일을 해야 즐거움과 열정이 생기는지, 무엇을 잘해서 타인에게 인정받을 때 보람과 행복을 느끼는지 포인트를 찾아야 한다. 나는 무엇을 할 때 시간 가는 줄 모르고 몰두하게 되며, 어떤 분야에서 사람들의 인정을 받는지 알아보자.

일찍부터 열정을 쏟을 일을 제대로 찾아낸 사람은 가던 길을 되돌아오거나 방향을 바꿔 전혀 새로운 길로 들어서는 경우보다 '인생의 집'을 훨씬 탄탄하게 완성해갈 수 있으며, 한 가지를 완성하고 나면 새로운 집을 찾아 다시 설계도를 그릴 여유가 생긴다.

아직도 자신이 무엇을 좋아하는지 모른다면, 이제부터라도 자신을 분석하고 알아가야 한다. 자신에 대해 많은 것을 알고 스스로 자신을 컨트롤할 수 있는 기초가 마련되면 자신감은 더욱 커진다. 자신의 내면을 잘 가꿀수록 주위 사람들은 물론 직장이나 사회에 쏟을 에너지도 넘쳐나게 마련이다. 지금부터라도 세상과 다른 사람에 대한 불필요한 관심을 접고, 다른 사람들의 이목에서 벗어난 자유인이 되어 자신의 관심과 열정에 귀를 기울여보자. 그것이 인생을 새롭게 만드는 첫 발걸음이 될 것이다.

좋아하는 일만 하고 살 수 있다

미술품 경매 전문 회사 서울옥션의 초대 사장을 지내고 지금은 K옥션의 대표인 김순응 사장은 23년간 금융인으로 살면서 자신은 늘 미술품에 대해 알 수 없는 끌림을 느낀다는 사실을 깨달았다. 그러던 중 은행의 임원으로 내정되는 동시에 서울옥션의 CEO 자리를 제안받자 뒤도 돌아보지 않고 직업을 바꾸었다. 금융인으로서 탄탄한 앞길이 보장되었지만 마음에서 울리는 소리를 따라, 그 길을 포기하고 그림과 함께하는 새 인생을 시작한 것이다. 평생 그림을 취미로 삼았던 자신 안에 내재되어 있던 예술적 감각과 기질을 본 그는 그것과 함께함으로써 비로소 인생의 자유를 맛보게 된 것이다.

우리도 스스로에게 물어보자. 나의 기질은 어떤지, 너무나 간절히 바라는 것인데도 포기하고 있었던 것은 무엇인지, 일상에 묻혀서 어린 시절, 혹은 청년 시절에 가졌던 소중하고 순수한 꿈을 완전히 잃어버리지는 않았는지 곰곰이 생각해보자. 잠시 잊었지만 여전히 해야 할, 하고 싶은 열정이 가득한데도 포기하고 돌아서서 시들한 일상에 내 몸을 맡기고 있다면, 아직 살아가야 할 삶이 살아온 삶보다 더 많은 지금의 이 모습이 부끄럽지 않겠는가.

평소 자신의 취미와 기질을 감안하여 정말 하고 싶은 일, 이상하게도 자꾸 끌리는 일을 유심히 살펴 그 열정을 조심스럽게 가꾸고 키워야 한다. 단순히 취미를 즐기는 차원을 넘어 전문가의 경지로 끌어올리는 것이다. 좋아하는 일이라면 힘든 줄 모르며 시간 가는 줄도 모르고 잘 해낼 수 있다. 취미가 직업으로 연결된 예는 생각보다 많다. 또, 그와 관련된 직업이 아직 없다면 새로운 직업 1호가 되기도 한다.

한 가지만 잘 하겠다고 생각하라

'팔방미인', '멀티 플레이어', '만능 엔터테이너' 같은 말처럼 요즘 시대에 부러움을 살 만한 말이 또 있을까. 여러 분야에 재주가 많다면 고민 따위는 없을지도 모른다. 어떤 일을 하더라도 완벽하게 해내고, 누구에게나 인정받는 사람이 될 수 있으니 말이다.

하지만 사회는 점점 복잡해지고 다양해지고 있다. 현대 사회에서는 모든 일을 다 잘한다고 해도 모든 것을 혼자 다 할 수는 없다. 실패 없이 모든 일을 완벽하게 해내는 사람은 소규모의 일은 어느 정도 혼자서 할 수 있다. 개인 사업을 하면서 마케팅, 서류 정리, 유통에서 애프터서비스까지 처리하기도 한다. 하지만 진짜 완벽을 추구하는 사람은 자신이 선택한 부분에 집중하여 성과를 낸다. 모든 일을 열심히 하기보다는 진정으로 집중해야 할 일을 정확하게 선택하여 그곳에 집중한다.

이제부터라도 모든 일에 완벽을 추구하기보다는 내가 가장 잘할 수 있는 일, 좋아하는 일을 찾아서 자신의 모든 열정을 쏟아보자. 그 일을 최고 수준까지 끌어올리고, 거기에서 한 단계 더 끌어올려서 누구도 따라올 수 없을 만큼의 전문성을 쌓는 것이다. 그렇게 했을 때 여러 분야에서 두루 열심히 한 것보다 더 큰 대가를 얻을 수 있고 인정받을 수 있다.

꿈이 없는 날이 단 하루도 없어야 한다

달에 발을 디딜 수 있다는 것을 아무도 믿지 않는 시대가 있었다. 그러나 인류는 이미 수십 년 전에 달에 첫발을 내디뎠고, 이제는 생명의 기운을 찾아 다른 별을 탐사 중이다. 100년 전만 해도 도저히 상상할 수 없었던 일을 인간은 해냈다. 꿈은 이렇듯 달에 발을 딛고, 화성을 탐색하는 일과 같을지 모른다. 그냥 바라보았을 때는 도저히 불가능한 것 같지만 결국 해낼 수 있는 일의 범주에 속해 있다. 꿈에서나 가능한 일이 이루어지는 경우가 얼마든지 많은 것이 요즘 세상이다.

자신의 꿈을 이루는 일 역시 예외는 아니다. 모든 것을 이룬 후에 허리를 펴고 자기가 달려온 길을 되돌아보기 전까지는 마치 달을 따는 일처럼 허황되게 느껴질지도 모른다. 그러나 절망하지 않고 방법을 찾는 것, 찾아낸 방법을 그대로 행동으로 옮기는 것이 꿈을 이루는 과정이다. 그것은 결국 달에 닿을 수 있는 긴 사다리를 만들고,

34

또 만드는 일이다. 꿈을 돌보고 살피다 보면 그러한 과정을 거쳐낼 수 있는 힘도 생길 수 있다.

잘 나가던 시절은 모두 잊어라

이제까지와는 다른 삶을 살겠다고 새로이 다짐할 때 종종 이런 생각이 뒤따르게 된다.

'이제까지 하는 일마다 되는 게 없었는데 과연 잘 할 수 있을까?' 혹은 '명색이 명문 대학에 대학원까지 나왔는데 내가 이런 일을 해야 하나?'와 같은 생각이 그것이다. 과거에 아무리 잘나갔던 사람도, 혹은 되는 일 없이 실패를 거듭했던 사람도 과거를 털어내는 일에 어려움을 겪는 것은 마찬가지다.

H공대 출신의 잘나가던 엔지니어 김씨의 이야기는 되새겨볼 만하다. 그는 명예퇴직을 당한 후 새로운 사업을 시작했다. 그의 실력을 잘 아는 거래처에서 새로운 일자리를 제안했지만 그는 거절했다. 뼈아픈 명예퇴직의 아픔을 두 번 다시 당하고 싶지 않았기 때문이다.

그는 엔지니어라는 전직과는 전혀 무관한 식당을 창업했다. 그에게 있어서는 제2의 인생이 시작된 것이다. 가족들은 물론 전 직장 동료들까지 말렸지만 김씨는 새로운 인생을 꾸려나가는 데 과거에 미련을 두면 안 된다는 생각으로, 집에 보관하고 있던 전공 서적까지 모두 처분하면서 결심을 굳혔다. 그는 건설기술사 자격증을 가지고 신명나게 일했던 예전의 시절을 결코 그리워하지 않는다. 과거에 집착하기보다 현재와 미래를 생각하는 일이 훨씬 생산적이라는 것을 잘 알기 때문이다.

과거의 영광을 더듬거나 상처에 쓰라려할 시간은 없다. 버려야 할 것과 버려서는 안 될 것을 잘 구분하는 것만으로도 수많은 자질구레한 선택의 기로에서 좀 더 자유로울 수 있다. 버리지 않는 것보다는 버리는 것이 더 어렵다. 깨끗이 포기할 줄 알고 과감히 잘라내는 것도 삶을 건강하고 윤택하게 만드는 중요한 비결이다. 군살을 빼고 날렵한 몸집이 되어야 앞으로 나아가기 쉬운 법이다.

이 시대는 직장인에게 늘 떠날 때를 생각하면서 직장 생활을 하도록 만들고 있다. 연말에는, 아니 5년, 10년 뒤에는 과연 자신이 무슨 일을 하고 있고 어떤 상태에 도달해 있을지, 그와 같은 목표들을 항상 머리에 담고 있어야 한다. 자신의 역량과 장점이 무엇인지, 어느 정도의 경쟁력을 갖고 있는지를 끊임없이 점검해야 한다. 회사는 해마다 중장기 목표를 세우고 내년도 사업 계획을 확정한다. 하지만 대부분의 개인은 중장기 계획은커녕 단기 계획조차 없이 하루하루를 살아간다.

이제는 10년 앞을 내다보며 살아가야 한다. 변화는 더욱 가속화될 것이다. 10년 후의 미래를 대비하기 위해 스스로 어떤 노력을 하고 있는지를 평가해보라. 자신의 미래를 위해 어느 정도의 시간과 비용을 투자하고 있는지 점검해보고, 가이드라인을 정하고 목표를 위해 스스로에게 일정한 정도의 투자를 할 수 있도록 하자.

작은 꿈을 이룬 사람이 큰 꿈을 꾼다

휴렛팩커드를 세계 최고의 기업으로 끌어올린 강철 여성 칼리 피오리나는 자신을 사지로 내모는 일에 익숙했고, 도전 상황에 맞닥뜨리는 것을 즐겼다. 그녀는 명확하고 현실적이며 객관적인 목표와 흔들리지 않는 비전을 지니고 있었기 때문에 자신을 위험한 상황 속에 내던질 수 있었다. 또한 스스로 미리 한계선을 긋는 것은 잠재력을 억압한다며 무한 발전의 가능성 속으로 자신을 고스란히 내던졌다. 그녀의 거침없는 정신은 휴렛팩커드가 한층 도약할 수 있었던 이유가 되었다.

일을 즐겁고 행복하게 생각하면 그것은 삶의 목적이자 꿈을 실현시켜주는 매개체로서 즐거움과 보람이 되고, 삶에 대한 주인 의식을 갖도록 만들어준다. 하지만 괴로운 노동으로 여기면 지겨움과 고통이 따르고 마지못해 하는 삶의 수단으로 전락할 뿐이다.

'경영의 신'이라고까지 불리는 일본 마쓰시다 전기의 창업주인 마쓰시다 고노스케는 감옥과 수도원은 세상과 고립되어 있다는 공통점이 있지만, 불편을 원망하며 사느냐 감사하며 사느냐가 큰 차이라고 하였다. 감옥이라도 감사하는 마음으로 살면 수도원이 될 수 있다는 그의 지론은, 최악의 상황에서도 긍정적인 마인드를 가지고 살아간다면 얼마든지 꿈을 이룰 수 있고 희망이 현실이 될 수 있다는 것을 말해준다.

사회가 어렵고 삭막할수록 백지장 한 장 차이인 마음만 바꾸면 되는 일에 대해서도 각박해지고, 타인을 대하는 방법뿐만 아니라 나 자신을 대하는 방법도 마찬가지로 부정적이 되고 자포자기하게 되기 쉽다.

그러나 마음은 행동을 지배한다. 마음 가는 대로 행동이 나오고, 그 행동대로 결과물이 쌓이는 법이다. '콩 심은 데 콩 나고 팥 심은 데 팥 난다'는 속담처럼 자신의 꿈과 일, 생각 속에 무엇을 심을 것인지 늘 생각해야 한다. 실업자가 넘쳐나고 고용 불안이 커지는 이런 시대에 일을 즐겁고 행복하게 여기느냐, 아니면 목구멍이 포도청이라고 어쩔 수 없이 하는 노동으로 여기며 근근이 하루하루 버텨내느냐에 따라 그가 수확할 열매는 판이하게 다른 모습일 것이다. 자신의 생각을 좁게 가두어두지 말고, 의식적으로라도 꿈을 이루는 상상을 하며 긍정적인 마인드 컨트롤을 해야 한다.

인간이 다른 동물보다 위대할 수 있는 것은 꿈꿀 수 있는 능력 때문이다. 꿈을 향해 앞으로 가는 길이 조금 멀다고 해도, 그 꿈에 한 발자국씩 다가서는 '과정'을 사랑하자. 작은 것에 감사하고 미미한 성과에도 크게 기뻐하자.

나뭇잎을 갉아먹는 애벌레가 아름다운 나비로 변하듯, 꿈을 만드는 일도 처음에는 안개 속을 헤매는 것처럼 당장 성과가 눈에 보이지는 않는다. 그러나 뚜렷한 동기와 목표를 가지고 포기하지 않고 오랜 시간 집중한다면 그 꿈은 점점 가시화되고, 결국에는 이루어질 것이다.

꿈을 꾸는 사람은 지혜로운 사람이다. 그리고 작은 꿈을 이룬 사람들은 다시 큰 꿈을 꿀 줄 안다. 그들에게 꿈이 없는 날은 단 하루도 없다. 왜냐하면 꿈은 희망의 원천이기 때문이다.

꿈인지 목표인지 구분하라

보통의 생활인이라면 아침 일찍 일터에 출근해서 저녁 늦게 들어오는 일이 대부분이다. 또 일하느라 하루에 한 번 사랑하는 가족들의 웃는 얼굴을 보기도 어렵다고들 말한다. 그렇게 하루하루 숨 가쁘게 살다가 문득 '내가 어디에 있는 거지?', '지금 잘하고 있는 건가?' 라는 생각이 들 때면 허무와 회한이 밀려오기도 한다. 그것은 꿈을 잃어버렸기 때문이다. 앞만 보고 달리기 전에 잠시 멈춰 서서 애정을 가지고 꿈을 살핀다면 쉽게 허탈감에 빠지지 않는다. 자신의 꿈이 씨 앗이든 어린 묘목이든 마음에 꼭꼭 심어야 할 이유가 여기 있다.

지금은 꿈이 더 필요한 세상

꿈인지 목표인지 구분하라

영어 단어 몇 개보다는
꿈이 더 필요한 세상이게 하고
일류 대학 졸업장보다는
꿈을 더 소중히 여기게 하자

작곡가이자 가수인 백창우가 만든 어린이를 위한 동요 〈꿈이 더 필요한 세상〉이라는 노래의 후렴구다. 아이들이 꿈꿀 시간조차 없이 어른들의 욕망에 내몰려 높은 시험 점수가 꿈이자 목표가 되어버린 현실을 직설적으로 표현하면서, 궁극적이고 가치 있는 진짜 꿈을 키워야 한다는 내용이다.

노래 가사가 전달하는 메시지는 '어른들이 들어야 할 어린이들의 외침'으로 보인다. 비단 아이들뿐이랴. 그 외침을 들어야 하는 어른들도 피곤하다. 열심히 살았다고 생각하는데 현실은 늘 그만큼의 만족을 가져다주지 못하니, 의욕을 잃고 꿈은 줄어들거나 사라진 지 오래인 사람들도 많다.

아무리 열심히 벌어도 내 집 마련은 요원하거나, 열심히 자기 계발을 하는데도 나를 채찍질해야 할 일은 돌아볼 때마다 늘어나 있다. 이때 느껴지는 좌절감과 상실감은 수습할 길이 없다.

만일 '내 집 장만'이 최종 꿈이라면, 집을 마련하고 난 뒤에는 열심히 살 이유가 없어지는 것인가? 대출금을 갚을 때까지 열심히 일해 돈을 벌어야 한다면 그 이후에는 어떻게 살 것인가? 자기 계발을 위해 쉼 없는 채찍질을 하는 궁극적인 이유나 목표는 무엇인가? CEO는 또 어떤가? 수많은 직원을 거느린 CEO가 되면 꿈을 이루었으니 행복할까?

물론 이러한 꿈도 필요하다. 생활인으로 사는 이상 이런 꿈을 갖지 않는 것이 오히려 이상하다. 많은 사람들이 이 같은 꿈을 이루기 위해 하루하루 열심히 땀 흘려 일한다. 하지만 우리의 꿈은 여기에서 그치면 안 된다.

행복을 느낄 수 없다면 꿈이 아니다

집을 사고, 사장이 되고, 자식을 좋은 대학에 입학시키는 일들은 '꿈' 과 구별해서 '목표' 쯤으로 해두자. 꿈을 '지속적으로 행복해지기 위한 일' 로 생각한다면 꿈에 대한 우리의 시각도 달라질 수 있다. 분명한 것은 꿈과 목표를 구분하라는 것이다.

꿈을 이루면서 계속 행복을 느낄 수 있다면 이것이야말로 진정 가치 있는 꿈이 아닐까. 자기 소유의 집만 있어도 행복을 느낀다면 내 집 장만이 꿈일 것이며, 어떤 역경과 고난이 생겨도 한 기업을 이끄는 사장이 되는 것이 행복하다면 그것도 꿈이 될 수 있다. 그런데 자기 집이 있어도 시들하고 불행한 삶을 사는 사람이 많다. 가진 것이 넉넉해도 늘 불평만 하고 행복해하지 않는 사람은 열정과 보람을 일으키는 꿈이 없기 때문이다. 이들은 차라리 집을 마련하기 위해 한 푼, 두 푼 아껴 쓰고 저축하던 때가 더 행복했다고 말하기도 한다.

'꿈' 의 콘셉트를 약간만 다르게 잡으면 시들해진 꿈에 물이 오르고, 사라진 꿈도 한결 쉽게 되찾아올 수 있다. 이제부터 열정적으로 일함으로써 행복한 기분을 지속적으로 느낄 수 있는 일이 '꿈' 이라고 생각하자. 아주 사소한 일을 하면서도 행복할 수 있다면 그는 꿈을 꾸는 사람인 동시에 꿈을 이룬 사람이다. '꿈'의 의미를 이렇게 설정하면 얼마나 다채롭고 아름다운 수많은 빛깔의 꿈들이 세상을 밝힐 것인가.

목표를 달성한 내가 얼마나 대견할까?

앞서 말한 기준에서 보면 당장 할 수 있는 일도 많다. 궁극적으로 남을 돕고 남을 위해 봉사하는 삶을 최고의 목표로 꿈꾸는 사람이 있다면 당장이라도 꿈을 이루면서 살 수 있다. 한 달에 한 번이라도 지속적인 봉사 활동을 하는 것이다. 한 달에 한 번이 너무 적다고 '나중에' 시간이 나면, 좀 더 여유가 생기면 하겠다는 것은 어불성설이다.

'나중에' 할 수 있는 일은 '지금도' 할 수 있는 일이다. 실천의 내용과 크기를 조절하면 가능하다. 창업을 하여 자기 방식대로 경제 활동을 하는 경영자가 꿈이라면 중소기업에 취직해 직접 부딪치며 여러 과정의 실무를 익히는 멀티 플레이어가 되는 것이 한층 더 빨리 꿈에 접근하는 지름길이다.

세계적인 디자이너 김영세는 크고 조직화되어 디자이너들이 기능공처럼 그림을 뽑아냈던 첫 직장보다, 규모가 작아 한 사람이 여러 몫을 했던 두 번째 직장에서 배운 점이 더 많았다고 한다.

금연, 독서, 다이어트, 외국어 공부 등은 새해를 맞아 세우는 계획에 포함되는 대표적인 목표들이다. 왜 지금 당장 시작하지 않는가. 그것은 바로 그 목표에 도달하기까지 마주칠 수 있는 역경과 고난을 미리 생각하는 습관이 장애가 되기 때문이다. 그보다는 목표를 달성한 후 달라질 생활의 변화와 즐겁고 행복한 상상을 먼저 해보자.

'내가 얼마나 대견하게 느껴질까?' 라든지 '다들 나를 부러워하고 대단하게 여기겠지' 또는 '그것을 이루면 무슨 일이든 도전할 수 있는 자신감이 생길 거야' 같은 상상 말이다.

이런 단기적인 목표들을 긍정적이며 즐겁게 달성하기 시작하면 삶의 궁극적인 꿈도 반드시 이뤄내는 힘이 길러진다. 그만큼 내공이 생기기 때문에 마침내 꿈도 이룰 수 있다. 실천 사항을 잘 지키지 못했다면 자신의 의지박약을 탓하지 말고 잠시 쉬었다고 생각하자. 천천히 하더라도 포기하지 않고 끈질기게 한다면 언젠가는 이루어진다.

꿈에 싹이 트고 잎이 나고 꽃이 피어서 풍성한 열매를 수확할 수 있도록, 하루하루를 성실하게 살면서 꿈을 향해 끝없이 도전하자.

변화를 향한 기분 좋은 긴장감을 느껴보라

사람의 일생은 대개 일정한 단계를 차례로 밟아가며 이어진다. 보통은 유아기를 지나 초등학교에 들어가고, 중고등학교와 대학교를 졸업하면 사회에 나가고, 때가 되면 배우자를 만나 가정을 꾸린다. 그러다가 자녀가 태어나면서 부모 역할에 힘쓰게 되고, 열심히 일을 하다가 은퇴의 시기를 맞는다. 이런 과정이 정도의 차이만 있을 뿐 비슷비슷하게 이어진다. 그 가운데 달라지지 않는 점 한 가지는 변화의 출발선에서는 모두 긴장한다는 점이다.

과정을 사랑하면 변화가 즐겁다

'심은 대로 거둔다'는 말이 있다. 실업자가 넘쳐나고 고용 불안이 커지는 시대에 변화의 자리에 섰다는 것은 새롭게 도전할 과제가 주어졌다는 의미다. 첫 직장에 입사하는 사회 초년생, 사랑하는 사람

44

과 결혼해 동반자로서의 인생을 시작하는 신혼부부, 긴 사회생활을 마치고 제2의 인생을 시작하는 은퇴자 등은 모두 새로운 삶의 방식에 도전하는 사람들이다. 이러한 변화를 즐길 것인지, 아니면 실패에 대한 두려움으로 마음에서부터 이미 실패하고 있을지는 자신에게 달렸다.

변화를 즐거운 과제로 생각하면 즐거움과 보람이 따르지만 괴로운 일로 여기면 고통이 따르고 마지못해 따라가게 될 뿐이다. 변화에 어떤 가치를 두고 어떻게 바라보느냐에 따라 심는 씨앗의 크기가 달라지고 맺는 열매의 크기도 달라진다.

이를 잘 증명해주는 한 가지 실험이 있다. 같은 책을 두 그룹으로 나누어 읽게 하면서 A그룹에는 아무런 설명 없이 책만 주며 읽으라고 했고, B그룹에는 재미있는 책인데 볼펜을 입에 물고 읽으면 웃음이 더 많이 나온다고 말해주었다. 그 결과, B그룹에서 책을 재미있게 읽었다고 답변한 사람이 훨씬 많이 나왔다. 만일 A그룹에게 "이 책이 참 재미있으니 읽어보라"는 말을 한마디만 했어도 두 그룹의 차이는 줄어들었을 것이다.

변화를 대하는 마음가짐을 어떻게 갖느냐에 따라 일에 직면하는 태도도 확연히 다르다. 자신이 이루고 싶은 꿈을 향해 가는 길이 아직은 멀다 해도, 그 꿈에 한 걸음씩 다가서는 '과정'을 사랑하는 것이 삶을 즐겁게 만드는 비결이다. 그러면 작은 것에도 감사하고, 잘 되지 않는 일에 대해서도 긍정적인 시각으로 바라볼 수 있다. 순간순간의 행복을 만끽하게 되면 만족감에 새로운 열정이 보태져, 크게 앞서 뛸 수 있는 원동력이 생기게 된다.

진짜 변화는 내면 성형에서 시작된다

요즘 성형외과가 문전성시다. 새내기 대학생, 취업 준비생, 사회 초년생은 좋은 인상을 주기 위해, 혹은 자신감을 얻기 위해 성형을 한다. 더 젊어 보이고 열정적이고 유능한 인상을 갖고 싶은 중년 남성들도 예외는 아니어서, 성형 열풍은 특정 계층이나 성별에 국한되지 않고 계속될 전망이다. 그들은 자신의 외모에 긍정적인 변화를 줌으로써 좋은 인상에 대한 사람들의 플러스 점수를 기대하며 그를 통해 자신감을 찾고 싶어 한다.

변화의 첫발을 내딛는 사람들의 심리도 이와 다르지 않다. 능력을 인정받고 싶고, 그 덕분에 자신감을 더욱 키워서 성공적인 역할을 수행하고 싶어 한다. 하지만 내면의 성형 없이 외면의 성형만으로 진정한 자신감을 지속시키기는 힘들다. 내면의 성형이야말로 변화를 원하는 사람이 가장 먼저 지녀야 할 덕목이다. 그러기 위해서는 자신을 전보다 더욱 사랑해야 한다. 아무리 외모에 자신이 있는 사람일지라도 자신의 잠재력을 높이 평가하고 자신을 있는 그대로 사랑하는 마음이 없으면, 작은 비판이나 부정적인 말 한마디에도 자신감은 한순간에 사라져버린다.

진정한 자신감은 내면에서 만들어진다. 크든 작든 자신과의 약속을 지키면서 목표를 이루기 위한 실천들을 차곡차곡 지켜나갈 때 자신에 대한 신뢰감이 자신감으로 쌓인다. 자신을 사랑하고 신뢰하고 존중하는 사람의 자신감은 위엄이 있다. 이런 사람은 자기밖에 모르는 이기주의자와 달리, 타인을 배려하고 사랑한다. 또 궂은일을 마다하지 않고 어려운 일, 남들이 나서지 않는 일도 더 큰 목표를 위하여 치르는 경험으로 생각하고 끈기 있게 해나간다. 결국 자신을 사랑하는 사람이 성공적인 삶을 살 수 있는 것이다.

아직 모든 잠재력과 가능성을 펼쳐보지 못한 자신에게 지금부터라도 격려와 성원을 아끼지 말고, 좀 더 많은 에너지를 쏟아보자. 그 자극에 따라 서서히 깨어나는 잠재력의 대폭발이 여러분을 전혀 새로운 삶으로 이끌지도 모른다.

다른 사람이 해결해 줄 수 있는 일은 없다

사람이 감정 조절에 실패하는 경우는 누군가로부터 비판을 받을 때이다. 특히 새로운 변화를 앞에 두고 알 수 없는 불안감에 긴장하고 걱정할 때에는 타인의 비판에 한없이 나약해지게 된다. 신입 사원이 발에 땀이 나도록 맡은 일을 성실하게 해낸다고 해도 상사나 동료에게 업무적인 실수를 지적당하거나 비판을 받을 수 있다. 그런데 '새내기' 때의 상처는 의외로 깊고 오래간다. 무슨 일이든 서툴고 잘 알지 못하는 시기라 실패에 대한 두려움으로 주눅들어 있는데, 거기에 대한 배려가 없으면 상처를 받을 수 있다.

하지만 기억하자. 사회는 학교가 아니다. 해보지 않은 일은 무엇이든 경험하고 배운다고는 하지만 사회에 첫발을 내디딘 이상 더는 학생이 아니기 때문에, 사회의 시선도 절대 너그럽지 않다는 점을 각오해야 한다. 신경 줄을 튼튼한 것으로 교체하고 조금은 넉살 좋게 행동해도 좋다. 비판 자체가 자신을 깎아내리거나 망가뜨리지는 않는다. 다만 그것을 어떻게 처리하느냐에 따라 결과가 달라질 뿐이다. 일부러 하는 악의적인 비판이라면 마음 밖으로 휙 던져버리고, 건설적인 비판이라면 그 본질을 깨닫고 극복하는 방향으로 나아가야 한다. 비판이 약이 될지 독이 될지는 온전히 자신의 손에 달렸다.

예를 들어 상사가 업무 처리 방식을 지적한다 해도 그것은 '나에 대한 모욕'이 아니라는 점을 깊이 새기자. 연애 시절에는 그러지 않던 남편이나 아내가 사소한 일에 크게 화를 냈다고 해서 나를 사랑하지 않는 것은 아니라는 것도 기억하자.

무작정 감정적인 마음이 되는 것을 경계하고, 비판의 양을 부풀리지도 축소하지도 말고 딱 그만큼만 받아들이는 연습이 필요하다. 요즘 말로 '쿨'해지든가 조금 건조해지자. 그리고 적당히 무시하자.

새롭게 출발하는 사람 앞에서 사람들은 이것저것 훈수도 두고 딴에는 약이 되라고 쓴소리도 하는 등 괜한 말이 많아진다. 이런 말들을 다 들어주되, 적당히 걸러내는 센스가 필요하다. 자신의 감정을 너무 자주 드러내지 말고 조금 냉정해질 필요가 있다. 걱정하지 않아도 잘할 수 있다고 스스로에게 믿음을 주자.

남이 해결해줄 수 있는 일은 없다. 무슨 문제든 자신 안에 해결의 열쇠가 있다고 믿을 때부터 '새내기'는 진정한 프로가 될 수 있다. 변화의 새바람에 비행기를 띄웠다면 첫 비행이 성공할 수 있도록 열심히 조종해야 한다.

2

꿈을
이룬 사람들의
멈추지 않는 꿈

세상에는 수많은 성공 스토리가 있다. 돈으로 사기 어려운 존경과 명예를 얻은 학자, 엄청난 자산을 이룬 거부, 권력의 수장이 된 정치인, 탁월한 리더십과 경영 능력을 갖춘 기업인, 인간의 한계에 도전한 스포츠인 등 감히 보통 사람들은 근접할 수 없는 성과를 낸 사람들이 적지 않다. 더군다나 열악한 환경을 딛고 불굴의 의지로 어려움을 이겨낸 감동적인 경우도 많다.

그런데 자기 분야에서 최고가 되었지만 여전히 꿈을 갖고 도전을 계속하는 사람들도 있다. 이들을 관통하는 키워드는 바로 '성공'이 아닌 '꿈'이다. 인생에서 성공하기 위해 사람들은 수많은 노력을 한다. 남보다 더 열심히 공부하고 일하며 자신을 채찍질한다. 이처럼 성공의 이면은 무척이나 고통스럽고 힘들다. 그러나 이 과정을 견딜 수 있게 하는 것이 바로 '꿈'이다. 꿈을 위해 한 발자국 더 내딛고 있다는 믿음이 지금의 고통을 받아들이고 포기하고 싶은 마음을 다잡게 하는 것이다.

이 장에서는 기업인 손정의, 광고제작자 이제석, 소설가 조앤 K. 롤링, 요리사 에드워드 권 등 각 분야에서 일가를 이룬 이들의 이야기를 소개한다. 이미 자신의 분야에서 최고의 자리를 차지했으면서도 스스로 더 큰 목표를 위해 노력하는 이들이다. 우리가 그들에게 배울 점은 성공이 아니라 성공으로 이끈 그들의 꿈이며, 성공한 후에도 더 큰 꿈을 이루기 위해 멈추지 않는 불굴의 정신이다.

현재 자신이 무엇이 되지 못했다고 낙담하지 말라. '무엇'이 된다는 것도 중요하지만 무엇이 된 다음 '어떻게 할지' 혹은 무엇이 되기 위해 '어떻게 할지'가 더 중요하다. 꿈을 꾸며 성공한 이들의 이야기를 통해 자신의 꿈을 한 번 더 점검해보고 용기를 얻는 기회로 만들자.

국민의 꿈이 바로 나의 꿈 - 룰라 다 실바

'80%'

이것은 브라질 축구 대표 팀과 어느 작은 나라 축구 대표 팀과의 경기에서 브라질의 승률을 말하는 것이 아니다. 또 명문대학을 졸업하고 행정고시에 합격한 사람이 고위 관료가 될 가능성을 말하는 확률도 아니다. 이것은 놀랍게도 바로 브라질의 축구 경기 승률만큼이나 높은 룰라 다 실바 브라질 대통령의 지지율이다. 민주주의의 미덕이 다양성이라고 볼 때 '말도 안 돼. 이게 정말일까?' 하는 말이 튀어나와도 이상할 것이 없다. 수많은 생각과 의견이 넘치는 민주주의 국가에서 이런 지지율이 나온다는 것 자체가 이미 상식을 뛰어넘은 일이기 때문이다.

브라질이라고 하면 보통 축구나 삼바, 아마존, 보사노바 등을 연상하게 되는데, 이제 이런 것들에 더해 룰라 대통령은 자연스럽게 브라질을 상징하는 존재로 부상했다. 2006년 재선에 성공하고 집권

말기를 맞은 그는 국제적으로도 최고의 인기를 구가하며 중남미권 국가의 지도자로 입지를 굳히고 있다. 중남미 국가 22개국에서 실시한 여론조사 결과만 보더라도 룰라 대통령은 50%를 훌쩍 넘기는 지지를 받고 있다. 이처럼 높은 그의 인기는 어디에서 오는 것일까?

가치 있는 현재진행형의 꿈

룰라 대통령이 초절정의 인기를 구가하는 근본적인 이유는 우선 경제 호황 덕분이라고 할 수 있다. 세계가 금융 위기에 놓이고, 많은 나라가 심각한 침체와 불황을 맞고 있는 시기에도 브라질의 경제는 든든하다. 곡물과 자원이 풍부하다 보니, 곡물 가격과 상품 가격 급등으로 오히려 자국 경제에 탄력을 얻었다. 하지만 브라질의 풍족한 자원은 어느 날 갑자기 생긴 것이 아니라 예전부터 있어왔다. 여기에 룰라의 경제 정책이 브라질의 '잠재력'을 끄집어낸 것이다. 성장을 추구하면서 물가도 잡음으로써 고질적이던 인플레이션 문제를 해결했고, 브라질 화폐의 가치가 높아짐에 따라 외국인 직접투자와 노동자의 임금이 늘고 실업은 줄었다. 중산층이 늘어나고 빈부격차가 줄어드는 것은 당연하다.

무엇보다 그의 모든 정책은 그가 자신의 옛 시절을 잊지 않고 있는 데에서 비롯된다. 그는 올챙이 시절에 꾸었던 꿈을 오랜 세월이 지나도록 버리지 않고, 하나하나 실현해 보임으로써 꿈을 완성하고 있다. 룰라 대통령 자신의 꿈이 국민의 절대 다수에 속하는 가난한 사람들의 꿈과 일치했다는 점이 그의 높은 지지율을 설명해줄 수 있을지도 모른다.

그는 '다섯 살을 넘기기 힘든 곳'이라는 별칭이 있을 정도로 기아와 질병이 만연한 브라질 북동부의 카에테스 마을에서 태어나 일곱 살때부터 길거리 행상을 했고, 열다섯에는 선반공 일을 했다. 열여덟 살에는 작업 중 왼쪽 새끼손가락이 프레스에 잘려나가는 사고를 당한다. 또 가난 때문에 첫 번째 부인과 태중의 아이까지 잃었지만 어머니가 가르친 "가난한 사람들은 희망을 잃지 않고 살아간다"라는 어린 시절의 교훈을 마음에 새기고 노동 운동에 참여한다. 1975년부터는 금속노조 위원장으로 활동하다가 1980년에 노동자당을 창당했다. 자신과 같은 열악한 처지에서 일하는 사람들과 일하며 연대감을 키워간 것이다.

우리는 종종 '노블리스 오블리주'의 중요성을 말한다. 그런데 '가진 사람들의 사회적 책임과 의무'만큼 중요한 것은 '가난한 사람들의 사회적 성공과 이후의 책임'이다. 가난 속에서 원대한 꿈을 품고 노력하여 사회 지도자로 성공한 사람들이 성공 후에는 자신의 부귀와 영달을 위해서만 그 능력을 소비하는 것을 많이 보아오지 않았는가. 그러나 룰라 대통령은 대통령 당선 이후 가난하고 불행했던 자신의 삶을 잊지 않고, 가난한 사람들을 위한 정책을 펴고, 끊임없이 꿈과 희망의 메시지를 보내며 더욱 가치 있는 현재진행형의 꿈으로 발전시키고 있다. 이에 국민들은 80%라는 경이적인 지지율로 답하고 있는 것이다.

그러나 이런 성장을 이루기 이전, 룰라가 대통령 후보였을 때 많은 사람들은 우려했다. 보수와 진보의 대립이 치열한 우리나라만큼이나 좌우의 이념 대립이 만만치 않은 브라질에서 노동당 출신의 그가 좌편향의 급진적인 정책을 펼칠 거라는 예상 때문이었다. 하지만 그는 이미 흑백의 이분법에서 벗어난 지도자였다. 미국의 부시와 남미 최고의 반미 지도자 차베스가 동시에 귀를 기울이는, 몇 안 되는 지도자의 반열에 오른 사람이 바로 룰라다.

빈사 상태의 경제를 살려내고, 가난의 고통에서 벗어나 국민에게 풍요로운 삶을 맛보게 해주겠다는 룰라의 간절한 꿈은 오히려 보수적인 색채의 정책을 내놓게 만들었다. 이에 기존 지지자들이 배신감을 느끼며 비난과 저항을 할 때 그는 이런 유명한 말을 남긴다.

"장가를 안 간 총각 때의 생각과, 일단 결혼해서 먹여 살려야 하는 처자식이 딸린 가장의 생각은 달라질 수밖에 없다."

이데올로기가 버무려진 정쟁은 일단 먹고사는 일이 어느 정도 해결된 이후에 해도 늦지 않는다는 의미가 담겨 있다.

그는 강하고 풍요로운 브라질을 위해서라면 적과도 친구가 되었고, 정치적 반대파들과도 손을 잡았다. 농민 봉기와 군사 쿠데타가 난무하는 어지러운 나라의 대통령이 된 그는 집권 초기부터 통합의 정치를 펼쳤는데, 구호나 겉치레에 그치지 않고 인사와 경제 정책에 이를 철저히 반영했다. 자신과 함께 투쟁한 노동자 출신을 아홉 명이나 장관에 앉히는 동시에 자본가 출신의 야당 의원을 핵심 포스트인 중앙은행 총재로 발탁했다. 최소한의 생계조차 잇지 못하는 빈민

층에게는 빈곤 수당을 현금으로 나눠주는 한편, 경제 부흥을 위해 친기업정책을 마다하지 않았다. 굶주린 사람들에게 밥을 먹게 해주고, 가난한 사람들의 주머니를 채워주는 일에 이념이나 색깔 같은 다른 생각이 끼어들 여지가 없음을 국정 수행의 내용으로 확실히 보여준 것이다.

급기야 야당 후보마저도 룰라를 칭송하고, 이를 이용해 당선되려는 선거전을 치르는 일까지 생겼다. 적을 감동시키고 무장 해제시키는 룰라의 커뮤니케이션 능력은, 온몸으로 살아온 굴곡 많은 삶에서 얻어지고 체화된 경험이 그의 진정성에 무게를 실어주기 때문에 더욱 빛을 발한다.

한 사람의 꿈이 과연 세상을 얼마나 바꾸어놓을 수 있을까. 룰라는 "우리는 정부를 구성하고 있을 뿐 권력을 장악한 것이 아니다. 한 나라의 사회 구조를 바꾸기 위해서는 대통령 한 사람이나 의회만으로는 충분하지 않다"고 말했다. 위대한 열정과 신념을 가진 한 사람의 꿈이 간절할수록, 그리고 그 꿈에 희망과 에너지를 보태는 사람이 많아질수록 꿈은 점점 현실에 가까워진다는 의미일 것이다.

개인의 성공에 국한된 꿈이라도 마찬가지다. 꿈을 이루기 위해서 독불장군 식으로 나아가서는 아무것도 되지 않는다. 어떤 꿈을 이루는 과정이든 더불어 함께하면서 타인을 설득하고, 타협하고, 협조하여 도움을 주고받는 과정이 반드시 필요하다. 하지만 결국 그 모든 공과 업적은 그 꿈을 한시도 잊지 않은 사람, 그 꿈을 위해 헌신적으로 노력한 바로 그 사람에게 80% 이상 돌아간다. 룰라 대통령의 지지율처럼 말이다.

꿈꾸기로 꿈을 이루다 – 조앤 K. 롤링

"카를로 콜로디가 누구인지 아세요?"

"……"

"요한나 슈피리는요?"

"……"

"그럼 조앤 롤링은 아시겠죠?"

"음, 들어본 것 같은데…… 누구더라?"

　'아니, 저 사람들은 대체 누구지? 빌 게이츠, 오프라 윈프리 정도는 나도 아는데, 아는 사람 좀 물어보지…….' 혹시 이런 생각을 했는가? 그렇다면 이렇게 질문을 바꿔보면 어떨까.

"《피노키오》 아세요?"

"《알프스 소녀 하이디》는요?"

"그리고 《해리 포터》는 아시겠죠?"

누구라도 아마 이 질문에는 자신 있게 안다고 대답할 수 있을 것이다. 호랑이는 죽어서 가죽을 남기고 사람은 죽어서 이름을 남긴다지만, 작가는 죽어서 작품을 남긴다. 뛰어난 명작이나 걸작은 그것을 쓴 작가보다 작품이 더 사랑받는다. 그렇다고 작가들이 자기 이름을 몰라준다고 서운해할까? 그런 질문은 어리석은 생각일 가능성이 높다. 작가에게 작품은 곧 자기 자신이기 때문에, 어쩌면 이보다 더 행복한 일은 없다고 여길지도 모른다.

밑바닥 삶이었지만 꿈은 있었다

조앤 롤링은 몰라도 《해리 포터》는 서너 살 먹은 어린애도 안다. 판타지 문학의 역사가 《해리 포터》 이전과 이후로 나뉜다고 해도 지나치지 않을 정도로, 이 작품은 걸작으로 인정받으며 출판계에 큰 획을 그었다. 책뿐만 아니라 영화와 갖가지 파생 상품으로 천문학적 수익을 창출함으로써 작가 조앤 K. 롤링은 걸어 다니는 기업이 되었다. 하지만 그녀의 부와 명예가 오늘날 더 빛을 발하는 것은 더 이상 내려갈 곳도, 더 이상 가난할 수도 없는 20대의 삶의 기로에서 시작되었기 때문이다.

1990년대, 싱그럽고 발랄한 생기로 가득 차 있어야 할 20대의 삶은 그녀에게 처절하고 잔혹한 전쟁과 다름없었다. 조앤 롤링은 실업자에 이혼녀, 싱글 맘 등 고단한 삶의 수식어가 될 만한 것들은 모두 걸치고 일찍부터 인생의 쓴맛을 보았다. 생후 4개월 된 딸과 함께 3년여 동안 우리 돈으로 주당 15,000원 정도의 생활보조금으로 연명한 그녀의 삶은 말 그대로 '바닥'이었다. 더 내려갈 곳이 없을 정도

였기에, 이제는 올라가기 위해 몸부림하는 것 외엔 할 일이 따로 없었다.

그녀는 마침내 오래 전 맨체스터에서 런던으로 가는 기차에서 떠올렸던 '해리 포터 이야기'를 끝마치기로 결심했다. 한편으론 딸에게 동화책 한 권 사줄 수 없는 형편 탓에 스스로 동화를 쓰는 엄마가 되기로 작정한 것도 동기가 되었다고 한다. 아이를 봐줄 사람이 없어서 가까운 공원 벤치에서 아이를 돌보며 글을 쓰는 등 힘들게 해리 포터 이야기를 완성했다.

평범한 여성이 뒤늦게 작가로서 이름을 날린 경우는 《빙점》을 쓴 일본 작가 미우라 아야코나 우리나라의 박완서 같은 작가가 있지만, 조앤 롤링은 그 고단했던 삶 가운데서 꿈과 상상의 나래를 펼치는 판타지 소설을 탄생시킨 경우라는 점이 특별하다.

쓸데없는 생각이 새 역사를 쓰게 했다

롤링은 1996년 6월, 집 근처 카페에서 첫 소설을 완성한다. 처음 몇 번은 출판사에서 거절을 당하기도 했지만, 블룸스베리 출판사를 만나면서 세계적인 베스트셀러가 되는 발판을 마련했다. 《해리 포터와 마법사의 돌》은 1997년에 미국에서 출간된 즉시 '세계 최우수 아동 도서'로 선정되었고 '스마티즈 상', '올해의 작가상' 등을 휩쓸며 탁월한 문학성을 인정받았다. 《해리 포터》 시리즈는 현재까지 63개국 언어로 번역되어 3억 5,000만 부 이상이 팔리는 등 출판 사상 유례 없는 대성공을 거두었다.

그녀가 어린이뿐만 아니라 전 세계인을 사로잡을 수 있었던 비결은 무엇보다 어린이들의 세상을 정확하게 이해하고 있었기 때문이다. 그녀는 어린이들이 무엇을 좋아하고 무엇을 무서워하며 무엇에 분노하고 또 무엇을 간절히 바라는지 잘 안다. 작가 스스로도 어린이들과는 얼마든지 즐겁게 이야기할 수 있지만, 어른들과 이야기하는 데에는 여전히 두려움과 어려움을 느낀다고 할 정도다. 그래서인지 그녀의 소설엔 꿈과 용기가 가득하다는 점이 남다르다.

한 텔레비전 프로그램에 나온 그녀의 작업실을 보면 놀라지 않을 수 없다. 철저한 습작 준비와 방대한 자료, 스스로 그린 그림들, 온갖 물건들을 통해 자신의 작품에 생명력을 불어넣는 치열함을 보여주었고, 단순히 지어낸 이야기에 불과한 소설에 문학적 상상력과 감수성을 유감없이 쏟아부었다. 그녀는 공상이나 상상은 '밥도 돈도 안 되는 쓸데없는 생각'이라는 우리의 통념을 산산이 부수고, 세상에 쓸데없는 생각이란 없다는 것을 보여주며 성공을 거둔 것이다. '쓸데없는 생각'이라고 여겨질 수도 있었던 그녀의 상상력이 사람들에게 꿈을 꾸게 하고, 새로운 역사를 쓰게 한 것이다.

접시를 닦기보다 펜을 잡아야 한다

생활고에 찌든 이혼녀라면 사실 펜을 잡고 이야기를 쓰는 것보다는 식당에서 접시닦는 일을 선택하기가 더 쉬웠을 것이다. 당장 소득이 있어야 살 수 있는데, 언제 소득이 되어 돌아올지 모르는 이야기책을 쓰는 데 매달리다니, '아직 배가 덜 고팠던 게지'라고 말하는 사람도 있을지 모른다. 하지만 조앤 롤링은 자신이 잘할 수 있는 일, 자신이 어릴 때부터 꿈꾼 일들을 실현하는 데 힘을 모았다. 그녀가 하버드 대학교에서 했던 졸업 축사의 내용을 살펴보면, 그 절박한 현실 속에서 남들에게는 어쩌면 한가롭게 느껴지는 이야기책 쓰기를 선택했던 강력한 동기가 무엇인지 알 수 있다.

"저는 대학을 졸업하고 7년 동안 엄청난 실패를 겪었습니다. 결혼에 실패했고 실업자에다 싱글 맘, 생활도 더 이상 가난하기 힘들 정도였지요. 누가 봐도 전 실패한 사람이었습니다. (중략) 그런데 제가 왜 실패의 미덕에 대해 말하려고 하는 걸까요? 실패가 제 삶에서 불필요한 것들을 제거해줬기 때문입니다. 저는 스스로를 기만하는 것을 그만두고, 제 모든 에너지를 가장 중요한 일에 쏟기 시작했습니다."

롤링은 자신이 가장 두려워하던 실패가 현실이 됐기 때문에 오히려 자유로워질 수 있었다고 고백했다. 실패했지만 자신은 살아 있었고, 사랑하는 딸이 있었고, 낡은 타이프라이터와 엄청난 아이디어가 있었다는 것이다. 롤링에겐 이야기책 쓰는 일이 좋아하는 일이기도 했지만 또한 중요한 일이었기 때문에, 주저하지 않고 그 가난 속에서도 펜을 잡았던 것이다.

우리 옛 어른들은 '이야기를 너무 좋아하면 가난해진다'고 하셨다. 재미있는 이야기만 들으려고 하고, 일에는 게을러질 수 있다는 의미일 것이다. 하지만 이 말은 '옛말'이 되어버렸다. 이제는 상상력과 스토리 하나로 전 세계도 제패할 수 있는 시대가 되었다. 조앤 롤링은 지독하게 가난했지만 꿈꾸기를 즐기고 이야기를 좋아해서 엄청난 부자가 된 산 증인이다. 꿈이자 현실이었던 글쓰기가 자신의 꿈을 그대로 이루게 해주었다.

이처럼 실패한 것이 중요한 것이 아니라, 실패한 이후의 태도가 그 사람의 인생을 결정한다. 꿈을 향해 똑바로 나아가는 자세는 이미 그 꿈을 절반 이상 이루어가고 있는 것이다.

광고로 세상을 바꾼다 - 이제석

"차~암 쉽죠~잉?"

광고의 말은 쉽다. 자꾸 '올레~'를 외치며 '생각을 뒤집어라'고 한다. 그러나 생각이란 게 어디 배를 깔고 엎드려 있다가 휙 뒤집어서 등을 대고 눕는 것처럼 쉽기만 한가. 창의력, 창조성, 상상력, 아이디어……. 학교와 기업, 그리고 국가는 생각을 뒤집을 수 있는 이런 능력들이 현대를 살아가는 인재들에게는 필수 덕목이라고 가르치고, 요청하고, 강조하지만 한편으로 이 문제는 쉬 잡히지 않는 딜레마를 가진 화두이기도 하다.

우리는 어릴 때부터 "어른들 말에 토 다는 것 아니다", "하고 싶은 말이 있어도 어른 앞에서는 일단 '예!' 해야 하는 거다"라는 말을 듣고 자랐다. 토론식의 열린 학습이라며 학부모를 불러들이는 학교 공개 수업은 요즘도 잘 짜인 시나리오대로 연습을 거친 어린이들이 연기를 하는 것으로 그치는 경우가 많다. 많이 달라졌다고는 하지만

64

우리 사회는 어릴 때부터 남다르게 사고하고, 자기 생각을 거침없이 이야기하는 일을 환영하지 않았다. 그래서 해외에서 유학하는 한국 학생들은 영어를 몰라서가 아니라 생각이 훈련되지 않아서, 할 말을 못 찾아서 꿀 먹은 벙어리가 되기도 하고, 뛰어난 아이들이 오히려 평범해지거나 현지 적응을 하지 못해 낙오자가 되기도 한다.

이처럼 뻔하고 정형화된 사고에 익숙한 사람이 더 많은 우리나라뿐만 아니라, 발칙하고 당돌하고 기괴한 생각까지 인정하고 칭찬하는 해외의 다른 나라에서까지, 세상을 한 방에 놀라게 한 사람이 있다. 더구나 그는 한국인이다. 《광고 천재 이제석》이라는 책의 제목을 보고 '천재? 쳇! 걸핏하면 아무나 천재라는군' 이라는 생각에 영 불편한 사람이 있다면, 그의 놀라운 한 광고를 한번 직접 보시라. 고개를 끄덕이게 될 것이다.

세계적인 광고상을 싹쓸이한 비결

그를 모르는 사람들에게 그의 화려한 수상 경력을 늘어놓는 것보다는 한 편의 광고가 오히려 더욱 그를 잘 말해줄 것이다.

가로 세로 각 10m 크기의 대형 걸개그림의 95% 가량을 차지하는 거대한 똥 덩어리. 코끼리 똥이다. 그리고 그 옆에 크기가 완전히 대비되는 조그만 참새 한 마리가 빗자루와 쓰레받기를 든 채 서 있다. 꼭 개미만 한 목소리로 '휴우~ 이걸 언제 다 치우지?' 하는 소리가 들리는 것만 같다.

이것은 2009년 12월 덴마크 코펜하겐에서 열린 제15차 유엔기후 변화협약 당사국 총회장에 내걸린 대형 걸개용 광고 사진이다. 지구의 공기를 더럽히는 주범인 강대국들이 환경 문제에 더 앞장서야 한다는 메시지를 전달하기 위해 제작한 것이다.

뉴욕의 로또 복권 광고를 보면, 달리는 버스 창문 아래 버스 바퀴를 같이 쓰는 고급 리무진이 그려져 있다. 그리고 그 아래에 "인생은 모르는 거죠. 버스를 탈지 리무진을 탈지"라는 문구가 쓰여 있다. 또 장애인을 위한 에스컬레이터가 설치되지 않은 뉴욕 지하철 계단 정면에 서면 거대한 산이 펼쳐진다. 계단 사이사이에 '에베레스트' 산의 사진을 잘라 붙이고 "누군가에게는 이 계단이 에베레스트 산과 같습니다"라는 문구가 새겨져 있다.

'뿌린 대로 거두리라(What goes around comes around)'는 영어권 속담을 카피 삼아 만든 반전 포스터도 수많은 그의 광고 중 백미로 꼽힌다. 병사가 총을 겨누고 있다. 탱크도 포신을 겨눈다. 총신은 길게 늘어뜨려져 있다. 그리고 이 포스터는 전봇대에 둥글게 붙여진다. 그 총구가 다시 그 병사(혹은 탱크)의 뒤통수를 겨누게 되는 것이다.

이 밖에도 많지만 그의 광고들은 하나같이 모두 명료하고 심플하며, 번뜩이는 재치와 유머로 가득하다. 그 때문에 그는 2006년부터 2009년까지 단 3년간 신인이 받을 수 있는 세계적인 광고상을 싹쓸이하다시피 했다. 세계 3대 광고제의 하나인 뉴욕 원쇼 페스티벌(최우수상), 광고계의 오스카 상이라 불리는 클리오 어워드(동상), 미국광고협회의 애디 어워드(금상)를 비롯해 무려 50여 개의 상을 수상했다.

그는 자신이 상을 많이 받는 비결에 대해 '언어를 초월하는 뜻과 개념'에 집중하기 때문이라고 말한다. 쓸데없는 '수사와 포장은 다

66

버리고 언어의 뼈대만 앙상하게 남겨 성별과 인종, 나이, 교육의 혜택 정도와 관계없이 누구나 쉽게 이해하고 같은 느낌을 받게 만든다는 것이다. 그의 광고 스타일이다. 아름다운 것, 말랑말랑한 것, 부드러운 것, 달콤한 것, 따뜻한 것에 강한 애착을 보이는 우리 광고 시장에 특별한 이정표를 가져오리라 예상되는 대목이다.

꿈이 있는 사람이 사는 법

그는 미국으로 건너가면서 비로소 물을 만난 고기가 되었다. 우리 사회의 기준에선 더할 수 없는 루저 신세였기 때문이다. 학창시절엔 공부 못해서 반 평균을 깎아먹는다고 구박받고, 지방대를 나왔다는 이유로 스펙에서 일단 밀려 단 한 번도 공모전에서 입상한 적이 없었다. 거기에다 전단지 만드는 동네 아저씨한테까지 창피를 당하고…… 우리나라에 있을 때 그의 일상은 눈물 없이는 볼 수 없는 굴욕의 연속이었다.

하지만 그는 이제 그분들에게 감사한다고 한다. 그때 자신에게 굴욕을 안겨주었던 그 사람들에게 밥을 한 번 사고 싶다고 진심으로 말한다. 그때 겪었던 분노와 굴욕감이 자신을 겁 없이 세계에 도전장을 내밀게 했고, 이를 악물게 했기 때문이다.

유학 시절, 그는 단순히 학점을 따기 위해 과제물을 수행하지 않았다. 1차적으로 과제물을 검토하는 사람부터 만족시킬 수 있어야 하기 때문에 교수의 성향과 나이, 취미까지 고려해서 과제를 수행했고, 그런 치밀하고 치열한 노력이 지금의 자신을 성장시켰다고 생각한다.

뜨거웠던 분노가 재로 변해 그대로 좌절이 되는 사람이 있다. 그러나 이제석은 분노의 열기를 진짜 이루고 싶은 자신의 꿈으로 옮겨 더 뜨겁게 타오르게 했다. 그리고 이제 그의 꿈은 비로소 시작되었다. 우리나라를 변화시킬 프로젝트를 가동하기 시작했기 때문이다.

광고로 의식을 개혁하겠다는 발칙한 꿈

이제석의 광고 문법은 이율배반적이다. 상업광고는 공익광고처럼, 공익광고는 상업광고처럼 제작하는 것이다.

상업광고를 할 때는 과대 포장과 선동성을 줄이고 사람들에게 어떤 의식을 불어넣으려 한다. '광고=세일즈' 라는 공식을 뒤집어 더 큰 개념으로 나아가고자 한다. '소통의 의미가 있고, 판매에도 장기적으로 도움을 주는 것'이어야 한다는 것이다. 공익광고는 무조건 착하고 아름답다는 뻔한 정공법을 지양하고, 무관심한 사람들까지 설득할 수 있도록 세속적이고 독한 광고 스타일을 지향한다. 스스로 '나쁜 남자'인 자신이 공익광고 제작의 적임자라는 화끈한 홍보는, 공익광고에 대한 그의 애정이 얼마나 큰가를 간접적으로 보여준다.

아직 채 서른도 안 된 이 젊은 광고꾼은 주로 돈도 안 되는 공익광고 근처에서 얼쩡거린다. 왜 그런가 했더니 '루저'에서 '맨해튼의 신성'까지 롤러코스터를 탄 자신의 30년 남짓한 삶에서 건져 올린 한 줄기 소중한 인생철학은 '인간 활동의 원천은 이윤 추구라기보다는 행복 추구'라는 것이기 때문이라고 한다. 자신을 기쁘게 하고 행복하게 하는 것이 공익광고이고, 공익광고 분야에서 세계 최고의 권위자가 되는 것이 그의 꿈이다. 국내 광고계 복귀 후, 공장에서 찍어낸 것 같은 우리의 공익광고 시장부터 혁신해 보이겠다며 출사표를 던진 것이 그의 야심찬 꿈의 첫 프로젝트였다. 자신의 광고 철학에 동의하는 젊은 인재들을 모아 '이제석 광고연구소'를 만든 것도 그런 맥락이었다.

광고기획자지만 궁극적으로 '개념예술가'를 꿈꾸는 이제석. 공익광고든 상업광고든 광고가 사람들의 의식을 개혁하여 사회에 기여하길 바라는 것이 이제석의 발칙한 꿈이다. 그리고 상업광고가 철저히 이윤 추구에만 복무하는 것만 보아왔던 우리는 그의 꿈이 이루어지기를 설레며 지켜보게 되었다.

생각을 뒤집는 것. 생각하면 쉽다. 나의 꿈에 열정을 불 붙일 때, 낡은 생각은 문득 거짓말처럼 쉽게 뒤집힐지도 모른다. 이제석은 이미 우리에게 그것을 충분히 보여주었다.

펄떡이는 물고기 같은 꿈 - 강풀

좋아하는 일을 하면서 돈을 버는 사람은 행복하다. 좋아한다고 다 잘할 수 있는 것은 아니지만, 그래도 좋아하는 일을 직업으로 가진 사람은 좀 더 경쟁력이 있다. 좋아하기 때문에 더 잘하려고 하게 되고, 좋아하니까 쉽게 포기하지 않을 것이다. 하지만 실제로 자신이 좋아하는 일, 하고 싶었던 일로 밥벌이를 하는 사람은 많지 않다. 어찌어찌하다 보니 별로 생각하지 않던 일을 몇 년째, 십수년째 하고 있는 사람들이 더 많다. 목구멍이 포도청이고, 집에서 기다리는 식구들 때문에 정작 하고 싶은 일에는 곁눈질조차 하지 못하고 그저 주어진 일만 꾸역꾸역 해내며 살고 있는 사람들이 대부분일지도 모른다.

여기, 좋아하는 일을 하면서 행복한 한 남자가 있다. 비주류로 시작했지만 주류도 부러워할 인기를 누리는 온라인 만화가 1세대 강풀이 그 사람이다. 본명은 강도영으로, 2002년 포털사이트 '다음'에

70

〈영화야 놀자〉 만화 연재를 통해 본격적인 작가로 데뷔했다. 이후 장편 〈순정만화〉, 〈바보〉, 〈그대를 사랑합니다〉와 같은 순정물과 〈아파트〉, 〈타이밍〉, 〈이웃 사람〉, 〈어게인〉 등 미스터리 물을 번갈아 발표하며 폭발적으로 독자를 늘려갔다. 덕분에 작품 조회수가 수천만 건에 달하고, 연재가 끝나면 연극과 영화로 제작되며, 말 그대로 '대박'이 난다. '만화가는 먹고 살기 힘들다'는 편견에 종지부를 찍고, 상상력만으로도 잘 먹고 잘 사는 모델이 된 그는 충분히 꿈을 이루었고, 지금도 열심히 꿈을 만들어내는 중이다.

생각을 뒤집었더니 올레~

그가 처음으로 올린 만화는 웃음 코드의 고전이라 할 '똥'에 대한 만화였다. 그리고 바로 그 다음날, 강풀의 홈페이지는 온통 '똥칠'이 되었다. 만화를 본 독자들이 너도나도 똥에 대한 포복절도할 경험담을 올렸기 때문이다. 일상생활에서 얻을 수 있는 엽기적인 소재인 구토, 똥 등을 소재로 한 만화 〈일상다반사〉는 네티즌들의 열렬한 사랑을 받기 시작했고, 그렇게 인터넷 최고의 인기 만화가 강풀이 탄생했다.

그는 따로 그림 공부를 하거나 누구에게 사사 받은 적이 없다. 대학 시절에 신문에 실린 박재동 화백의 만평을 보고 충격을 받아 그림을 그리기 시작하며 만화가의 꿈을 키웠다. 그렇지만 무명 시절 회사와 출판사, 신문사 등에 넣은 만화 이력서 400장은 어느 한 군데서도 받아주지 않았다. 그렇게 1년 넘게 일자리를 얻지 못하며 절망에 더하여 오기가 발동한 그는 만화가답게 생각을 뒤집는다. '받아주는 곳이 없다면 내가 받아주자', '나를 못 알아본다면 내가 알게 해주겠다'는 역발상으로, 2002년 6월에 아예 온라인에 자기 만화방을 차린 것이다.

이제 인터넷 만화를 얘기할 때 강풀을 빼고 말할 수는 없다. 그는 엽기적인 것에 머물지 않고 사랑, 사회, 정치 등으로 작품 소재의 지평을 넓혀갔다. 네모 칸 안에 그려 넣은 익숙한 만화 문법을 버리고 새로운 형태의 만화를 창조했다는 점도 신선하다. 그의 주된 팬은 20, 30대로 주로 점심시간이나 퇴근 후 10시를 전후한 시간에 강풀의 온라인 만화방에 들어온다. 서버가 느려질 정도로 접속자 수가 많았는데, 〈순정만화〉가 연재되기 시작한 이후부터 그의 팬은 10대에서 50대까지 다양한 계층으로 넓어졌다.

꿈을 이루는 과정에는 수많은 길이 있다. 그 길은 지름길만 있는 것도 아니고, 아스팔트 대로 같기만 한 것도 아니다. 하지만 쌩쌩 달릴 수 있는 아스팔트 대로가 모두 지름길은 아니다. 돌아가더라도 오히려 더 빨리 갈 수 있고, 울퉁불퉁해서 도착하는 데 오래 걸려도 이미 한참 전부터 마중 나온 사람들의 환호 소리를 들을 수도 있다. 막혔다고 절망하는 대신에 발칙한 새 길을 찾아내, 보기 드문 온라인 만화 연재에 도전한 강풀의 꿈은 그래서 늘 살아 펄떡이는 물고기처럼 싱싱하다.

일상과 경험에 대한 애정이 만든 소통

강풀의 만화에 등장하는 인물, 그들이 만들어내는 이야기, 그리고 그 만화를 읽는 독자의 반응은 한마디로 '세트 피스를 성공시켜 골을 넣은 승리한 축구경기' 처럼 감동적이다. 그의 만화가 얼마나 사람들의 가슴을 흔드는지 알 수 있다. 완벽한 사람도 없고 악한 사람도 없는 캐릭터는 밋밋하고 조금 촌스러워 보이지만, 보통 사람들의 고민과 반응이 있는 그대로 드러난다. 그래서 그의 이야기는 결코 낯설지 않으며 읽는 이로 하여금 옛 생각에 잠기게 하고, 마치 자신의 이야기를 보는 것 같은 큰 공감을 불러오는 힘이 있다. 만화를 그린 것은 만화가지만, 독자들은 그의 만화 속에서 자기 자신의 모습을 본 것이다. 거기에서 느껴지는 친근감은 가히 국가대표 급이라 할 수 있을 정도다.

강풀의 이야기는 전적으로 그의 일상과 경험들이 헤쳐 모여 완성되는데, 거기에는 언제나 웃음과 눈물이 공존한다. '미스터리 심리 썰렁물' 같은 장르에서조차 우리는 끔찍한 공포 속에 숨겨진 가슴 아픈 사연에 눈물 흘리며 감동하게 된다.

"전 남들이 좋아할 만한 것만 좋아해요. 남들보다 뛰어난 영화를 보는 눈이 없어요. 제일 재밌게 본 외화가 《에이리언 2》이고 제일 재밌게 본 한국영화는 《인정사정 볼 것 없다》와 《여고괴담》이에요. 저는 제가 정말 대중적인 사람이라고 생각해요. 대중들하고 가장 비슷하기 때문에 남들이 좋아하는 걸 나도 좋아하고 그리는 거죠."

정말 특별할 것 없는 취향이다. 하지만 남들이 좋아하는 것을 좋아하는 취향을 가졌기 때문에 공감을 불러일으키는 능력에서만큼은

탁월한지도 모르겠다.

그는 자신의 만화 지향점을 '일상성'이라고 한다. 5.18 광주 민주화 운동 이후의 이야기를 담은 〈26년〉 같은 사회적, 정치적 주제들을 그리는 것도 결국 그 주제들이 우리와 먼 이야기가 아니라, 우리의 가장 일상적인 부분이기 때문이다. 만화는 상상력의 산물이라지만 지어낸 이야기보다는 실제로 겪은 이야기가 더 재미있고 애정이 생긴다는 강풀은 앞으로도 계속 일상을 소재로 만화를 그릴 계획이라고 한다.

약점에 무릎 꿇지 않고 방법을 찾았다

만화는 그림이 중요할까, 이야기가 중요할까.

만화니까 당연히 그림이 중요하다고 생각하면 강풀의 그림을 보고는 첫인상만으로 읽기를 포기할지도 모른다. 강풀은 스스로 그림을 잘 그리지 못한다고 생각하는 만화가이다. 그의 그림은 기성 만화계의 어떤 만화가의 그림체와도 닮지 않아 신선하기는 하지만 약간 어설프고 서툴러 보인다.

그 때문인지 그는 서사에 공을 들인다. 그는 절대 어설프게 끝내지 않기 위해 미리 시나리오를 써놓고 만화를 그리는 방식으로 일한다. 모든 스토리를 정해두고 몇 회에 끝낼지까지 계산하여 작업한다. 그의 만화는 소설 같기도 하고 영화 같기도 하다. 기승전결이 뚜렷하고 구성이 탄탄하며 완성도가 높기 때문에 많은 작품이 연극이나 영화로 만들어진다.

"장편을 처음 시작할 때 내용을 다 짜놓고 하지 않으면 불안하더라고요. 게다가 제가 만화로 승부를 볼 수 있는 건 그림은 절대 아니에요. 그림을 워낙 못 그리니까요. 저는 늘 스토리로 승부해요. 전체는 물론 한 회 안에서도 확실하게 눈물을 흘리든, 재미를 느끼든 뭔가 가져가게 하고 싶어요."

기발한 아이디어, 영화 같은 구성, 여러 시점으로 반복되는 한 장면, 다양한 인물들의 사고가 흘러가며 만들어지는 강풀의 만화는 그래서 흥미롭다.

누구에게나 약점이 있고 노력하지만 잘 안 되는 부분이 있다. 그리고 그 안 되는 하나 때문에 잘 되는 다른 것들을 포기하기도 한다. 하지만 강풀은 자신의 약점에 무릎 꿇지 않고 그 약점을 보완해줄 장점을 강점이 되도록 키웠다. 자신이 꿈꾸는 것, 전하고 싶은 메시지를 서사에 완벽하게 담아 독자를 열광시켰다.

어느 직업이나 그렇지만 특히 정말로 원하지 않으면 절대 할 수 없는 일이 만화가다. 상상을 그리고 재미를 생산하는 일이 스스로 고역이라면 이미 게임은 끝난 것이나 다름없다. 그래서 상상과 공상에 가장 자신 있는 강풀은 행복하다. 무명이었을 때도 행복했지만 그의 작품을 보고 웃고 우는 사람들과 호흡하고 소통할 수 있어서 더 행복하다. 꿈꾸는 것 자체가 꿈을 이루는 길이니, 얼마나 행복할까.

편견을 이겨낸 성실함의 승리 – 에드워드 권

　배가 고프면 화를 내는 사람이 있다. 갑자기 딴사람이 된 듯 버럭 소리를 지르고, 사소한 일에도 짜증을 낸다. 그래서 그의 아내가 가장 신경 쓰는 것은 그가 배고파서 화를 내기 전에 시간에 맞춰 상을 차리는 일이다. 밥을 먹고 나면 남편은 언제 그랬냐는 듯이 좀 전까지 화냈던 일을 까맣게 잊고 순한 양이 된다. 미안한 마음은 전혀 보이지 않는다.

　한편 맛있는 음식 앞에서 놀랍게 너그러워지는 사람도 있다. 그냥 말할 때는 전혀 듣지 않다가도 맛있는 음식을 먹고 나면 딸아이가 그토록 사달라고 조르던 물건을 어느새 사주겠다고 슬그머니 허락한다. 아내는 남편의 일관성 없는 행동에 화를 내지만, '뭐 사는 게 다 그런 거지'라면서 헤벌쭉 웃고 만다.

　음식은 우리의 신체에만 영향을 끼치는 것이 아니다. 물론 몸을 건강하게 유지시키고, 때로는 아픈 몸도 낫게 한다. 그뿐만이 아니

76

다. '밥이 보약'이라는 말도 있지만, 음식은 어떤 보약보다 영혼에 휴식을 주는 '특효약'이기도 하다. 인간의 영혼을 긴장에서 해방시키고, 날카로운 신경을 누그러뜨리며, 어루만지고 치유해준다.

협상 테이블에 앉은 비즈니스맨들이 좀체 의견 일치를 보지 못하는 사안으로 골머리를 앓으며 지쳐간다. 그러다 누군가 '밥 먹고 합시다! 금강산도 식후경!'이라고 외쳐서 모두 식사를 했다. 그런데 만족스럽게 식사를 마치고 난 양측 협상가들은 협상 재개 10분 만에 문제의 쟁점을 빠르게 협의해서, 그 기나긴 마라톤 협상을 단숨에 끝냈다. 밥의 힘이라고 말할 수밖에 없다.

세계 유명 인사들에게 잊지 못할 맛을 선사하며 특급 요리사 반열에 든 한국인 요리사 에드워드 권. 세계 최고의 부호들이 모여든다는 두바이 특급 호텔의 수석 주방장을 지낸 그가 만든 요리는 그 맛을 영혼에 각인시킨다.

재능보다 독한 성실함

그의 이력은 화려하다. 영동전문대 호텔조리학과를 나온 에드워드 권의 첫 직장은 1995년에 들어간 리츠칼튼 호텔이었다. 그곳의 주방장까지 지낸 그는 함께 일하던 프랑스인 총주방장 장 폴 라켕의 추천으로 2001년 샌프란시스코의 리츠칼튼으로 옮기면서 세계의 주방을 누비기 시작했다. 2005년에는 중국 톈진의 쉐라톤그랜드 호텔 총주방장, 2006년에는 두바이 페어몬트 호텔의 수석주방장이 되었고, 2007년에 두바이의 7성급 호텔이라는 버즈 알 아랍의 수석 총

괄 주방장의 자리에 오르기까지 불과 12년의 세월이 걸렸다.

이렇게 써놓고 보면 너무 쉬워 보인다. "요리에 타고난 재능이 있었나 보네"라고 말하는 사람도 있을 것이다. 재능이 있다면 유리할 수는 있겠지만 타고난 재능만으로 누구나 최고의 자리에 오를 수 있는 것은 아니다. 고등학교를 졸업하고 집을 나와 한 식당의 보조원으로 아르바이트를 하던 시절, 당시 주방장이 "너, 생각보다 손재주가 있다"고 했던 말 때문에 요리로 방향을 잡았지만, 그것이 12년을 달려온 동력이 될 수는 없을 것이다.

그는 조리학과 2학년 1학기에 리츠칼튼 호텔에 실습을 나갔다가 그대로 눌러앉았다. 실습이 끝날 때쯤, 돈을 안 받고 그냥 일하겠다고 했고, 두 달 동안 교통비 3만원만 받고 일을 계속했다. 그런 그의 모습을 주방장이 좋게 보았다. 동기 중 유일하게 서울의 특급 호텔에 취직할 수 있었던 이유다.

캘리포니아 리츠칼튼 호텔에서 본격적인 요리 수업을 시작했을 때에는 정해진 근무 시간이 8시간이었지만 그 두 배인 하루 16시간씩 일했다. 처음엔 정확하게 8시간 근무를 하는 그곳의 문화 때문에 동료들은 분위기를 흐린다고 그를 싫어했지만, "나는 너희의 10분의 1도 모른다. 이렇게 하지 않으면 살 수가 없다"고 사정했더니 나중엔 이해하고 오히려 가르쳐주려고 했다고 한다. 이렇게 피나는 요리 수업 덕분에 그는 2003년에 미국 요리사 협회가 선정하는 '젊은 요리사 톱 10'에 뽑혔다. 1년에 6번씩 손님으로 위장한 평가단이 비밀리에 요리의 맛과 질을 평가하고 선정하는 '젊은 요리사 톱 10'은 미국의 젊은 요리사들에게 가장 큰 영예라고 한다.

소설가 조정래는 '자기가 노력한 것에 자기 스스로 감동할 정도가 되어야 그게 정말 노력한 것'이라고 했다. 맞는 말이다. 하지만 자기 스스로 대견스러워하고 감동하면서도 남은 감동시키지 못하는 사람도 많다. 만족과 안주가 너무 빨리 온 경우일 것이다.

"너 같은 독종은 처음 봤다. 너를 통해서 아시아인에 대한 인식이 바뀌었다."

에드워드 권은 호텔 총주방장에게 이런 칭찬을 들었지만 거기에 안주하지도, 만족하지도 않았다. 그것이 또 다른 사람들을 감동시키는 준비 단계가 되었다.

꿈을 이루기 위한 투자, 투자, 또 투자

"책에서만 보던 싱싱한 재료들을 가지고 요리하는 기쁨으로 시간 가는 줄 몰랐다."

근무시간 8시간에 다시 스스로 8시간의 일을 더하면서도 그가 포기하지 못했던 이유는 뭔가 보여주겠다는 오기와 함께 요리에 대한 희열이 있었기 때문이다. 그는 번 돈의 70%를 요리를 먹어보고 연구하는 데 썼다고 한다. 이제쯤이면 탐구와 연구에 어느 정도 게을러질 수 있는 시기지만 그의 꿈은 아직 완성되지 않았다. 그는 지금도 돈을 버는 대로 음식을 먹어보고 공부하고 연구한다. 한국 출신 요리사이면서도 한국 요리에 대한 지식과 이해가 깊지 못함을 반성하며 한식의 세계화를 위해서도 생각이 많은 그는 말한다.

"저한텐 24시간이 요리 공부 시간이에요. 떡볶이든 와플이든 돌아다니고 지나다니면서 보는 모든 걸 제 식으로 해석해 새로 만들어보고 있으니까요. 음식 먹어보러 비행기 타고 외국으로도 많이 다녀요."

그는 다른 사람을 인정할 줄 아는 자신의 장점을 잘 알고 있다. 다른 사람들의 요리를 끊임없이 먹어보며 새로운 식재료와 맛에 대한 경험을 늘려나간 덕분에 음식을 재해석할 수 있는 능력, 재료마다의 맛을 하나로 융합해낼 수 있는 자신만의 능력을 계발할 수 있었다.

그의 꿈은 1호 비즈니스 셰프가 되는 것이다. 자기 자신을 브랜드화하고 푸드 콘텐츠 비즈니스를 하며 번 돈으로 요리에 대한 열정이 가득한 사람들을 위한 3년제 무료 요리학교를 여는 것이 그의 꿈이다.

그의 계획과 목표, 꿈을 가만히 들여다보면 벌어서 쓰고, 벌어서 쓰는 구조라는 것을 알 수 있다. 꿈을 이루기 위해 배우고 익히는 것 외에 빼놓을 수 없는 것이 바로 투자이다. 투자란 돈을 들이는 것만 가리키는 것이 아니다. 시간, 건강, 사람, 열정 등 모든 것들이 투자 항목이다. 사람들은 실력 앞에 기가 죽는다. 특히 정에 약하고 학교나 지역 우대 관습이 아직 남아 있는 우리 사회보다, 어떤 여지도 없이 오직 능력으로 평가받는 외국에서는 변명이나 엄살이 더더욱 통할 리 없다. 외모나 출신, 환경을 신경 쓰는 것은 사실 실력이 그에 못 미치기 때문이다. 누구나 인정하는 실력은 이 모든 것을 한번에 평정한다. 좋은 학교, 좋은 인맥, 좋은 배경이 없는 사람이 갖는 열정과 오기, 끈기는 꿈에 다가가는 더 빠른 길일지도 모른다. 눈치를 보거나 저울질하거나 재지 않는 우직함이 앞을 향해 가는 데 더 힘찬 엔진이 되어주기 때문이다. 타인과 나를 감동시키는 치열함과 성실함이 양 날개가 되어주기만 한다면.

절망 이후의 진정한 승리 — 랜스 암스트롱

누구나 반드시 힘들고 어려운 시기를 겪게 마련이다. 그런데 그것을 이기지 못하고 스스로 목숨을 버리는 사람이 늘어난다. 연예인들의 죽음이 이어지고, 어린 학생들까지 학업 스트레스로 인해 투신하기도 한다. OECD 국가 중 자살률 1위라는 우리의 현실이 점점 일상처럼 보인다. 안타까운 마음에 우리는 이렇게 말하기도 한다.

"죽을힘이 있으면 그 힘으로 살면 될 텐데."

죽는 일도 보통 마음으로는 쉽지 않은 일이고, 그 마음을 살아가기 위한 힘으로 썼으면 좋았을 것이란 의미일 것이다. 그러나 죽음을 결심한 사람에게 이런 말이 결심을 되돌리는 데 얼마나 힘이 될 수 있을까 생각하면 때때로 부질없는 말처럼 들리기도 한다.

하지만 죽을 가능성이 살 힘을 압도하는 혹독한 상황에서 단 몇 %의 살 가능성, 살 수 있는 힘으로 죽음을 극복한 사람의 이야기라면 어떨까. '죽을힘이 있으면 그 힘으로 살아야지' 라는 말보다는 그 무게나 힘이 강력하지 않을까 싶다.

자타가 공인하던 세계 최고의 사이클 선수 랜스 암스트롱. 1996 년, 그는 생사를 장담할 수 없는 암환자였다. 고환에서 시작된 암이 이미 폐와 뇌까지 전이된 상태였다. 생존 가능성은 30%로, 이는 거의 사형선고나 다름없는 확률이었다. 이 놀라운 소식이 전해지자 세상은 경악했고, 건장했던 25세의 청년은 수술대 위에 눕게 된다. 계속되는 종양 제거 수술과 화학요법으로 운동선수로서 그의 생명이 끝나리라는 데 아무도 이의를 제기하지 않았다.

하지만 그의 진짜 이야기는 여기에서부터 시작되어 3년 후에 절정을 맞이한다. 모두 불가능이라고 했지만 세계적인 도로 사이클 대회인 '뚜르 드 프랑스'에서 승리하면서 그는 재기에 성공한다.

꿈은 암도 이긴다

뚜르 드 프랑스는 세계 최고의 전통과 권위를 자랑하는 도로 사이클 대회로, 해발 2000m가 넘는 고산지대를 포함해 프랑스 전역 3,500km를 23일간 일주하는 죽음의 레이스다. 전체 20개 구간 중 7개 구간이 피레네-알프스 산악지대를 넘는 난코스다. 인간 체력의 한계를 뛰어넘어 불굴의 정신력을 요구하는 이 대회는 유럽에서 월드컵 축구 못지않게 높은 인기를 누리면서 전 세계의 자전거 마니아를 불러 모으고 있다.

이런 경기에서 랜스 암스트롱은 1999년부터 2006년까지 대회 연속 7연패의 위업을 달성한다. 이는 세계 스포츠 역사상 가장 극적인 기록 중 하나로 꼽힌다. 하지만 이런 경기 기록보다 더 극적인 기록은 단연 그의 고환암 병력이었다. 그는 살 수만 있다면 사이클을 못 타도 좋고, 폐품 수집이라도 하겠다며 열심히 기도했다. 죽음의 급행열차를 탄 현실에서 선수 생명 운운은 사치였다. 그는 여러 차례의 대수술을 통해 한쪽 고환을 떼어냈고, 암이 전이된 뇌의 일부까지 도려냈다.

그런데 암이 바꿔놓은 것은 그의 육체가 아니라 정신이었다. 그는 좋은 선수였지만 많은 사람에게 본보기가 될 만한 좋은 사람은 아니었다. 불우하고 폭력적인 유년기를 보내고 독선적인 엘리트 선수로 성장한 탓에 부끄러움과 겸손을 알지 못했다. 그는 스스로도 암 진단을 받기 전의 자신은 대단한 게으름뱅이였다고 고백한다. 100%의 노력을 다하지 않고도 상당한 액수의 월급을 받는 것에도 부끄러움이 없었다고 한다. 이렇게 고백할 수 있는 용기는 그가 달라졌다는 것을 의미한다.

암스트롱은 고통이 주는 진짜 대가는 '자기인식', '자각'이라고 말한다. 자신이 우승할 수 있었던 가장 큰 이유는 병이든 경기든 한계를 극복하고 큰일을 이루겠다는 뜨거운 의지의 자기인식이었다는 것이다. 그래서 전과 달리 사소한 부분도 가볍게 여기지 않는 주의력을 가지고 푸르 드 프랑스 오직 한 경기에 집중했다. 그는 재발할지도 모르는 암에서 시선을 돌려 자신의 목표와 꿈에 무섭게 집중했다.

잠시 한발 물러나는 전략

2010년 남아공월드컵에서 축구 대표팀은 우리에게 큰 기쁨을 주었다. 그리고 팀의 캡틴이자 '산소 탱크', '두 개의 폐를 가진 사나이'로 불리는 박지성 역시 그랬다. 그의 경기를 집중해서 보면 그를 세계적인 선수로 만들어준 원동력은 그의 스피드나 패싱 능력 같은 축구 재능이 아니라는 사실을 알게 된다. 남아공월드컵에서 우리 대표팀이 치른 네 경기에서 박지성 선수가 44km를 뛰었다는 기록이 있다. 이것을 보면 그가 언제나 자신의 임무를 자기 체력의 한계까지 수행한다는 것을 알 수 있다. 그야말로 팀의 승리와 이익에 기여하려는 부지런하고 헌신적인 플레이, 곧 그의 품성이 오늘날 그를 훌륭한 선수의 위치에 있게 한 것이다. 뛰어난 개인기와 화려한 플레이를 하는 특정 선수들의 이기심이 종종 팀의 패배를 불러오는 것을 볼 때 선수의 경기력과 품성이 전혀 무관하다고 할 수는 없다.

랜스 암스트롱 역시 암 선고를 받은 이후 달라진 정신력에는 그의 인격도 포함되어 있었다. 그는 이전과 달리 겸손과 희생, 감사를 알게 되었고, 투병 이전에도 발휘하지 않았다던 100%의 노력을 다했기 때문이다. 이전의 레이스가 타인을 물리치는 것이라고 생각했다면, 암 극복 이후에는 자기 자신을 경쟁상대로 삼았다. 그 결과 "나는 점점 더 나와의 경쟁에 익숙해졌고 전보다, 작년보다, 지난달보다, 아니 어제보다 오늘 더 나은 레이스를 하게 되었다"라고 고백한다. 끊임없이 더 나은 자신의 모습을 만들어가기 위해서 어제의 나를 겸손하게 바라보는 과정을 필연적으로 거쳤을 것은 당연하다.

꿈과 목표에 대한 집착이 강하면 강할수록 더 많이 원하고 바라는 만큼 자주 비우기도 해야 한다. 욕심, 집착, 질투, 미움, 이기심 같은 불필요한 짐은 넓게 멀리 보는 눈과 마음을 가릴 수 있다. 새로운 훈련법이 절실하던 때, 암스트롱의 코치는 새로운 훈련 시간을 6시간에서 4시간으로 줄이는 방안을 내놓았다. 과도한 훈련이 오히려 피로를 증가시켜 효율성을 떨어뜨린다고 판단한 것이다. 암스트롱은 이에 동의했고 시간을 줄이는 대신에 집중력을 더 높여 훈련한 결과 7연패의 위업을 달성했다. 그가 한발 더 도약하는 발판으로 삼은 전략인 '한발 물러나기' 는 운동선수 앞에 던져진 도전의 과제 앞에서 쉽지 않았겠지만, 투병 경험과 그에 버금가는 희생의 대가 앞에서 겸손해지는 마음을 배운 덕분이었다. 그 어떤 장애와 한계라도 극복해내겠다는 불굴의 의지는 아름다운 것이었지만, 잠시 한발 물러서는 여유야말로 '큰 사람' 에게 반드시 필요한 덕목이 아닐까.

꿈은 홀로 이루는 것이 아니다

이러한 신화를 암스트롱 홀로 이룬 것은 아니다. 암스트롱의 '신화' 뒤에는 두 여성이 있다. 어머니 린다 암스트롱은 아들에게 '부정적인 것을 긍정의 기회로 삼아라' 라는 말을 늘 들려주었다. 암스트롱은 자신의 어머니가 힘을 불러일으키는 발전기와 같았다고 말한다. 사랑과 희망을 잃지 않도록 도운 어머니의 헌신은 암스트롱의 재기에 가장 큰 역할을 했다.

그리고 이제는 전(前) 부인이 된 크리스틴 암스트롱도 빼놓을 수 없다. 암 환자인 암스트롱의 청혼을 받아들여 반려자로서의 삶을 시작한 아내 크리스틴은 남편의 알 수 없는 미래를 향해 함께 경주의 페달을 밟아온 강인한 사랑의 동반자였다. 그녀의 놀랍고도 아름다운 러닝메이트 정신은 랜스 암스트롱과 헤어진 것으로 잠시 잊혀지는 듯했지만, 2008년 베이징 올림픽 사이클 부분에서 미국에 금메달을 안겨주며 그녀는 '랜스 암스트롱의 아내' 라는 그늘에서 완전히 벗어난다. 그러나 누가 흔들어도 쓰러지지 않을 강인한 사랑의 페달을 함께 밟으며 아름다운 인간으로서 완성되도록 도운 아내 크리스틴의 역할은 결코 작지 않은 것이었다.

암스트롱을 이야기할 때 빼놓을 수 없는 또 한 사람은 독일의 사이클 선수 얀 울리히이다. 암스트롱의 벽 앞에 늘 만년 2인자의 자리를 지켜야 했던 그는, 구경하던 한 아이의 가방 끈에 걸려 넘어진 암스트롱이 일어나기를 조용히 기다려준 아름다운 일화의 주인공이다. 이 결과 41초 차이로 암스트롱에게 다시 우승을 내주게 되지만 전 세계는 그의 페어플레이에 찬사를 보냈다. 그의 그런 인품이 없었다면 그해 암스트롱은 5연패의 위업을 이어가지 못했을 것이다. 놀랍게도 이듬해에는 얀 울리히가 넘어지고 암스트롱이 기다려주는 일이 벌어졌으니, 스포츠 역사상 이보다 더 아름다운 스토리를 또 꼽기란 어려울 것이다.

꿈은 홀로 이루는 것이 아니다. 오만한 사람이 진정한 성공을 이루기 어려운 이유이다. 자신의 주위를 돌아볼 줄 알고 자신의 성공을 도운 사람에게 감사할 줄 아는 마음은 그 사람을 한층 성숙한 인간으로 성장하게 한다. 랜스 암스트롱의 불굴의 의지는 어떤 찬사를 받아도 부족함이 없다. 그리고 그가 자신의 성공을 위해 희생한 사람들에게 감사할 줄 아는 훌륭한 인격을 가진 인간으로 성장한 부분에는 더욱 아낌없는 박수를 보내야 할 것이다.

꿈 앞에서는 모든 것이 엄살 – 손정의

"패리스 힐튼은 한 번 입은 옷은 두 번 다시 안 입는대."

"빌 게이츠의 집에는 비행장도 있고 수영장도 있다더라."

"워렌 버핏은 그렇게 돈이 많아도 자식들한테는 의외로 인색한가
봐."

자본주의 사회에서는 돈, 경제적 능력에 대한 열망과 관심이 하
늘을 찌른다. 힐튼 가의 상속녀인 패리스 힐튼의 시답잖은 일거수일
투족이 보도되는 것이나, 세계 최고의 갑부들인 빌 게이츠, 워렌 버
핏의 말 한마디에 따라 주가가 출렁대는 것 등은 모두 가진 자에 대
한 보통 사람들의 선망 때문에 일어난다는 것이 공통점이다. 가진
자들이 그것을 이루기 위해 노력한 꿈이나 땀과는 별개로, 그들이
가진 것에 대한 부러움과 감탄은 사라지지 않는다.

일본의 최고 부자는 '소프트뱅크'의 최고경영자인 재일교포 3세
손정의 회장이다. 소프트웨어 분야에서 빌 게이츠에 비견되는 그 역

시 보통 사람들에게는 선망의 대상이다. 고(故) 김대중 대통령이 1998년 6월, 빌 게이츠와 함께 손정의 회장을 만났던 일화는 유명하다. 대통령은 두 사람에게 한국 경제가 살 길을 물었고, 손정의 회장은 그 자리에서 이렇게 대답했다.

"대통령 각하, 세 가지가 중요합니다. 첫째도 브로드밴드, 둘째도 브로드밴드, 셋째도 브로드밴드입니다."

그가 제안한 한국 IT의 미래대로 현재 우리나라는 세계적인 IT 강국이 되었다. 신념에 찬 그의 단호하고 자신감 있는 태도, 미래를 내다보는 탁월한 혜안은 오랜 비즈니스 경험에서 나오는 것이기도 하지만, 아직도 청년과 같은 그의 꿈에 대한 열정, 추진력 덕분일 것이다.

나약함을 극복하기 위한 엄격한 선택

과거와는 많이 달라졌지만 미국은 그래도 여전히 꿈꿀 여지가 많은 나라다. 많은 사람들이 큰 결심을 하고 미국으로 찾아든다. 그렇게 미국 땅을 밟은 사람들은 어느 정도 모험과 도전을 각오한 사람들로, 저마다 하나 이상의 사연을 가지고 온몸으로 자신의 꿈과 목표를 위해 열정을 불태운다. 손정의 역시 젊은 시절, 아무것도 가진 것이 없는 신세였지만 신념 하나만을 가지고 미국에 첫발을 내디뎠다. 미국에 가기 전 그가 학교 선생님에게 했다는 말이 흥미롭다.

"선생님, 저는 약한 사람입니다. 미국에 가게 되었지만, 영어도 잘 모르고 혼자 가서 어떻게 생활해야 할지도 잘 모릅니다. 곤란한 상황이 되면 마음이 약해지고 좌절하여, 돌아올 옛 보금자리가 있으면 포기하고 돌아오게 될지도 몰라요. 퇴로를 끊어버리지 않으면 고난과 맞설 수가 없어요. 그러므로 마음이 흔들리지 않도록, 휴학이 아니라 아예 퇴학을 시켜주세요."

그는 자신이 특별하고 특출한 사람이 아니라 힘겨운 일에 부딪치면 언제라도 마음이 약해질 수 있는 평범한 사람이라는 사실을 잘 알았다. 그래서 스스로 약해질 수 있는 마음의 퇴로를 차단하고 겨우 고등학교 1학년의 나이에 미국으로 떠났다. 나약함에 대한 그의 경계는 혹독한 자기 관리로 나타났다. 나약한 생각을 비롯해 다른 생각이 끼어들 여지가 없도록 시간 관리를 한 것이다. 깨어 있는 동안에는 식사 시간에도 교과서에서 눈을 떼지 않고 공부에 몰두했으며, 공부 외에 하루에 5분씩 투자해서 매일 하루 한 개의 발명품을 만들기로 하고, 이를 철저히 지켜나갔다. 그렇게 하루에 5분, 1년에 30시간을 투자하여 만들어낸 250여 개의 아이디어로 그는 약 3억 원의 수익을 올리게 되었다. 5분이라는 시간을 이렇게 가치 있게 쓴 사람은 흔하지 않다. 보통 사람에게는 엄두도 안 나는 초인적인 힘처럼 보이지만 꿈을 이루고자 하는 그의 간절한 노력 앞에 엄살은 없었다.

커다란 비전으로 세계를 상대하다

손정의는 재일 한국인이다. 부친이 지인의 보증을 잘못 선 바람에 가계가 급격히 기울었지만, 본래 격조 있는 가문에서 자란 아버지는 밝고 긍정적인 성품에, 남다른 삶에 가치를 두는 사람이었다.

손정의도 그런 점에서 아버지의 영향을 많이 받았다. 어린 시절 동네 아이들에게 조센징이라고 서럽게 구박을 받고, 던지는 돌을 맞아가며 가난한 집에서 자랐지만, 손정의의 자의식은 재일 한국인이라는 정체성 안에 갇히지 않고 반대로 세계를 향해서 조금씩 포부와 이상을 넓혀갔다.

손정의에게서 첫 손에 꼽을 것은 바로 대범한 스케일이다. 그는 빌 게이츠마저도 자신이 뛰어넘어야 할 산이 아니라, 자신의 조력자라고 생각한다. 그가 한국인임을 부정하지도, 부끄러워하지도 않을 수 있었던 것은 그의 꿈이 한국이나 일본 안에 머물러 있지 않기 때문이다. 그런 자신감과 꿈 때문에 누구와도, 어떤 조직과도 대등하게 비즈니스하고 커뮤니케이션하는 코스모폴리탄이 된 것이다.

목표로 삼은 일은 꼭 해내고야 마는 집념과 신념의 소유자, 그의 타깃이 되면 뚫리지 않는 장애와 벽이 없었다. '지성이면 감천'이라는 속담은 손정의를 두고 하는 말이다. 목표에 도달하기 위한 열정과 초인적인 노력은 주변을 감동하게 만들어 그에게만은 예외를 적용해주고, 말 한마디에 투자하게 만들고, 믿기지 않더라도 일단 도박을 하게 만든다. 그는 열정의 화신으로 주변 사람들까지 감염시키는 굉장한 바이러스를 가졌던 것이다.

"우리 회사는 5년 이내에 100억 엔, 10년 후에는 500억 엔, 그리고 앞으로는 1조 엔대의 기업이 될 것이다."

그가 스물 네 살의 나이에 창업한 회사의 아르바이트 직원 두 명 앞에서 제시했다는 비전이다. 당시에는 직원들이 회사를 그만둘 정도로 주위의 조롱을 샀지만 결국 그는 무서운 적중률을 보이며 이 말 그대로 목표를 이루었다. 또, 이 말을 한 지 15년 만에 소프트뱅크는 실제로 매출액 1천억 엔을 넘어섰다. 이제 그가 창업 당시 했던 말보다 더 허황한 말을 한다 해도 사람들은 그의 말을 믿는다. "소프트뱅크를 300년 뒤에도 세계 최고의 위치에서, 100만 종업원을 거느린 초일류 기업이 되게 하겠다"라는 그의 비전은 여전히 유효하다.

그는 벌써 그 꿈을 위해 남다른 행보를 시작했다. 후계자를 육성하기 위해 '소프트뱅크 아카데미아'를 열고 사내에서 270명, 사외에서 30명, 총 300명의 후보자를 선발해 직접 지도한 후 10년에 걸쳐 경영권을 이양한다는 계획이다. 300년 뒤에도 최고를 달리는 초일류 기업을 만들기 위한 계획에 이런 후계자 양성 프로젝트는 사실 당연한 순서인지도 모른다. 30년 후 소프트뱅크를 시가 총액 세계 10위, 200조 엔(현재 약 2조 7천억 엔) 규모의 회사로 만들겠다는 손정의 회장의 비전은 여전히 스케일이 크다. 소프트뱅크 주식이 1주일에 1조 엔씩 늘어날 때부터 돈에 대한 욕심이 완전히 없어졌다는 그는 '사람을 기쁘게 해주면서 돈이 아닌 감사를 받는 일'을 하는 것으로 꿈을 가다듬으며 존경받는 자본가의 길을 걷고 있다. 그가 왜 사업에서나 비전에서 빌 게이츠 못지않은 경영자인지 알 수 있다.

불평하기는 쉬워도 실천하는 것은 어렵다. 대부분의 사람들이 꿈을 가지고 있지만 공상에 머무를 뿐 현실이 되게 하는 의미 있는 몸짓에는 몸을 사린다. 안 될 이유가 많고 못할 사정이 너무도 많다. 성공을 부러워하고 선망하면서도 성공한 사람들이 어떻게 꿈을 이루어갔는지에 대해서는 감탄만 할 뿐, 나와는 차원이 다른 특별한 사람의 성공 스토리일 뿐이라고 외면하는 것이 보통이다. 스스로 장

애물을 만들고 그 벽 앞에서 뛰어보지도 않고 주저앉는 격이다. 손
정의 회장의 말을 들어보자.

"세상이 나쁘다든가 정치가 잘못됐다든가 경기가 나쁘다거나 그
런 변명을 하는 순간, 그렇게 푸념하는 순간, 아무것도 될 리가 없
다. 불평은 자신의 그릇을 작게 한다. 푸념 따위를 늘어놓는다고 해
서 세상이 좋아지지는 않는다. 불평을 할 여유가 있다면 마음을 먹
자. 자신의 목숨이라도 던질 각오가 있다면, 바로 그때 파문이 일어
나기 시작한다."

지금 해야 할 일이 바로 꿈 – 강수진

신체는 그 사람이 어떻게 살아왔는지 삶의 자세를 그대로 표현해 준다. 미국의 사진작가 매리 앨런 마크는 평생 가난한 이들을 위해 살아온 마더 테레사의 '손'을 포착한 사진을 찍었다. 나무 등걸처럼 잔뜩 주름진 손등은 가난한 이들을 도우며 평생 함께 살아간 테레사 수녀의 삶을 단편적으로 보여준다. 또, 한동안 우리는 '발'에 감동했다. 김연아와 박지성 선수의 발에서 고통과 인내의 시간을 보았고, 그 이전에는 희귀병에 걸린 것처럼 보일 정도로 마디마디 울퉁불퉁해진 발가락을 가진 발레리나 강수진의 발에 충격을 받았다. 도저히 여자의 발로 보기 힘든 그 발이 그토록 우아하고 아름다운 발레리나의 발이라는 사실을 믿을 수 없었다.

그녀는 벌써 마흔을 훌쩍 넘기고도 독일 슈투트가르트발레단의 수석무용수로 여전히 건재한 현역 프리마돈나다. 2007년엔 400여 년의 역사를 가진 슈투트가르트 발레단이 은퇴 무용수가 아닌 현역 무용수인 그녀에게 첫 헌정 공연을 하기도 했다. 발레계에서 마흔 살이면 알아서 퇴장해줘야 하는 것이 보통이다. 대부분은 마흔 살 이전에 은퇴하지만, 설사 그 나이가 될 때까지 견딘다고 해도 무대에 서는 경우는 거의 없다. 하지만 강수진은 이런 상식과 한계에서 이미 벗어나 있으며, 말이 아니라 몸으로 이를 입증하고 있다. 점프는 여전히 가볍고, 균형 잡힌 동작엔 군더더기가 없다. 나이만으로 사람들은 그의 은퇴 시기를 점치거나 은퇴 계획을 묻기도 하지만 그녀는 세상의 물음에는 아랑곳하지 않고 그저 연습에 전념한다.

단순한 일상 뒤에 가려진 치열함

하루 15시간에서 19시간씩, 한 시즌에 250여 켤레의 토슈즈가 닳아 떨어지도록 연습하는 강수진의 치열함은 발레에 문외한인 사람도 혀를 내두르지 않을 수 없을 것이다. 그처럼 살인적인 연습량이 진짜일까 잠시 의심하던 사람도 강수진의 발을 보면 이내 고개를 끄덕이며 수긍하게 될 정도로 시각적 충격을 받으며, "사람이 어떻게 이렇게 치열할 수 있을까" 하고 놀란다. 그러다가 그녀의 사생활이나 일상을 조금 더 알아보게 되면 또 다시 "어쩌면 이렇게 단순하게 살 수 있을까" 하는 생각이 곧 들게 된다.

어떤 분야에서 최고에 이른 사람들에겐 한 가지 공통점이 있다. 바로 일상이 정말 단순하다는 것이다. 발레리나 강수진도 마찬가지다. 새벽에 일어나 아침 8시까지 발레의 기본동작으로 스트레칭을 두 시간 정도 하고, 다시 10시부터 한 시간 정도 연습, 점심시간 후엔 오후 6시까지 연습한다. 특별한 취미도 없고 이메일을 보내는 첫 같은 단순한 일도 남편이 해줄 정도로, 발레 연습밖에 모르고 산다. 나이 마흔을 넘겼고 30년 동안 발레를 했고, 그중 20년을 슈투트가르트 발레단에서 보내온 그녀의 이런 규칙적인 생활은 변함이 없다. "성공한 사람일수록 일상이 단순하다"는 말은 그녀를 취재하는 인터뷰어의 입이나 펜 끝이 아니라 강수진의 입에서 나온 말이기 때문에 더욱 감동적이다.

부상으로 도저히 무대에 설 수 없을 때를 빼곤 매일 이런 일상을 변함없이 이어온 자신을 두고 강수진은 '수도하는 사람 같다'고 표현한다. 사람인 이상 힘들고 지루하지 않을 수 없지만 이 똑같은 일상이 점차 조금씩 자기 안을 변화시키는 것을 느끼기 때문에 매일 할 수 있었고, 감사하며 할 수 있었다는 것이다.

남을 속이긴 어려워도 자기 자신을 속이기는 쉽다. 보통 사람들은 누구나 조금씩 자기기만을 가지고 있다. 자신의 게으름에 면죄부를 주기 위해서, 자기 실수를 남에게 미루기 위해서, 남이 뭐라고 하지 않는데도 자기 마음이 편해지기 위해서 알면서도 아닌 척 가장하고 속인다. 하지만 이렇듯 단순하고도 치열한 일상은 적어도 강수진이 편안함을 위해서 자신을 속이지 않았음을 확실하게 증명하고 있다. 그가 세계 톱 클래스의 발레리나가 될 수 있었던 원동력이다.

꿈꾸는 대신 지금 해야 할 일을 한다

많은 매체에서 인터뷰 요청이 끊이지 않지만, 그녀가 하는 말은 늘 같고 단조로우며 별로 새로운 것이 없다. 단순한 일상에 새롭게 보탤 말도 뺄 말도 없고, 가장 뜨거운 이슈가 될 은퇴 생각도 아직은 해보지 않았기 때문이라는 것을 어렵지 않게 가늠할 수 있다. 그녀는 한 인터뷰에서 이렇게 말했다.

"사람들은 내게서 근사한 말을 듣고 싶어 한다. 하지만 내 생활은 결코 근사하지 않다. 어쩌면 매일매일의 그 지루한 반복이 지금의 나를 만든 것 같다. 내가 뭔가 꿈꾸었다면 이렇게 오래 무대에 서지 못했을 것이다."

꿈꾸지 않았다고 꿈이 없는 것은 아닐 것이다. 다만, 꿈만 꾸고 현재 해야 할 일에 대해 등한시하는 것을 스스로 용납하지 않았던 것이다. 그녀는 왼쪽 다리 정강이뼈가 부서져 다시는 무대에 설 수 없을지 모르는 상황에서도 1년 동안 바닥에 누운 채로 연습을 했다. 주어진 순간순간, 현재 해야 할 일에 충실한 것이 더 중요하다고 생각했기 때문이다. 그렇게 하루하루에 100% 전념하다 보면 어느 순간 기대하지 않았던 성공에 다가서게 되더라는 것이 그녀의 성공 비결이다.

정신분석학에서는 '지금, 여기'에 충실한 삶을 사는 사람이 가장 건강한 사람이라고 한다. 지금 하지 않으면 안 되는 일이 있다. 시기와 시간을 놓치면 어려운 일이 있다. 강수진은 "공부와 발레는 벼락치기가 안 된다"고 말했지만, 벼락치기가 안 되는 일이 어디 그것뿐일까? 하루가 쌓여 미래가 되고, 꿈은 있어야 하지만 꿈만 꾸어서는 아무것도 되지 못한다.

기술만으로 완성되는 것은 없다

옛날에는 체력과 체격은 좋아야 하지만 머리는 좀 나빠도 할 수
있는 것이 스포츠라는 편견이 있었다. 그래서 운동부 학생들은 학교
에 가방을 들고 왔다 갔다 하면서도 수업은 밥 먹듯이 빠지고 운동
만 했다. 스포츠뿐만 아니라 주로 신체를 이용하고 신체를 통해 말
하는 분야에 대해서는 조금씩은 그런 편견이 있었던 것이 사실이다.

하지만 이제는 누구도 그런 무지한 생각을 하지 않는다. 오히려
머리 좋은 사람이 운동도 잘한다는 것을 알게 되었다. 축구선수 박
지성의 공간 창출 능력은 프리미어 리그에서도 극찬을 받는다. 이런
창조적인 플레이는 절대 나쁜 머리, 공부하지 않는 머리에서 나올
수 없다. 끊임없이 훈련하고, 생각하고 상상하고 고민하고 실험하는
가운데 길러지는 것이다. 이제는 운동부 학생들도 기본적인 학교 수
업에 출석하게 하는 것도 그런 맥락에서일 것이다.

강수진이 후배들에게 강조하는 것이 있다. 다방면으로 많은 경험
을 해보고, 공부하라는 것이다. 자신도 어릴 때 2년간 배운 한국 무
용이 서양 발레에서도 남다른 표현력을 가지게 하는 데 도움이 되었
다는데, 무용뿐만 아니라 음악 · 미술 · 과학 · 수학에 대한 이해와
관심도 폭넓은 작품을 하는 데 큰 도움을 준다고 한다.

"발레에서 중요한 것은 얼마나 빨리 스텝을 외워 그걸 체화시키
느냐입니다. 그러려면 수학적 사고도 있어야 하고, 집중력 · 순간 판

단력·분석력도 있어야 하거든요. 머리가 둔하면 발레 못한다, 눈이 넓어야 발이 빨라진다고 후배들에게 많이 이야기합니다."

요즘은 학문 간, 장르 간 경계가 허물어지고 있다. 지식의 통합이라는 '통섭'에 대한 중요성과 관심이 높아지는 것은, 어느 한 가지만 잘해서는 경쟁력을 가질 수 없다는 절박함에서 오는 관심이다. 지식을 한데 묶고 섞는 과정에서 새로운 것과 더 나은 것, 더 넓고 깊은 것을 창조해낸다는 것을 알게 된 지혜에서 비롯된 것이기도 하다. 어떤 직업을 가지고 있든, 어떤 분야에 관심을 갖든 자기가 아는 것에 매몰되거나 정체되지 않고 끊임없이 관심을 갖고 탐구하는 자세가 자신의 꿈을 더욱 성숙하게 이루어나가는 길이라는 점을 잊지 않아야 할 것이다.

3

꿈을
이뤄주는
좋은 습관

2

습관은 몸에 배어 자연스럽게 나오는 태도와 행동이므로 규칙이나 규범과는 다르다. 규칙과 규범은 의식적으로 해야 가능한 일이 대부분이다. 출근 시간에 늦지 않고자 아침 6시에 일어나야 한다면, 처음에는 이것을 지키기가 매우 어렵다. 늦게 일어날지 모른다는 두려움에 선잠을 자거나, 실제로 예정된 시간에 일어나지 못하는 경우도 많다. 하지만 일단 습관이 들면 신기하게도 6시 정각에 눈이 떠지게 된다.

꿈을 이루기 위해서는 지금까지와는 다른 습관을 만들어야 한다. 처음에는 낯설고 어렵지만 꾸준히 반복해 지켜가다 보면 어느새 자연스럽게 몸에 배게 되고, 이것이 차곡차곡 쌓여 무엇과도 바꿀 수 없는 좋은 습관으로 자리 잡게 된다.

이 장에서는 꿈을 이루게 해주는 습관에 대해 이야기한다. 사소하지만 놓치기 쉬운 습관, 머리로는 이해가 되지만 실제 행동으로 옮기기까지 결코 쉽지 않은 습관들이다.

먼저 자기 자신을 냉정하게, 객관적으로 들여다보고 현재의 나를 인정하는 데서부터 시작하자. 때로는 나의 못난 점, 부족한 점이 보여도 이를 받아들여야 하며, 반대로 미처 몰랐던 잠재력을 발견할 수도 있다. 장단점보다 중요한 것은 현재 자신의 내면과 소통하는 것이다.

소통, 즉 커뮤니케이션은 타인과 맺는 관계에서도 매우 중요한 덕목이다. 이를 위해서는 듣기, 말하기, 쓰기, 읽기 네 영역에 걸쳐 남다른 노력이 필요하다. 타인과 소통하기 위해서 제일 먼저 필요한 것은 남의 말을 듣는 것이다.

말하기보다 듣기를 더 많이, 더 자주 하는 것이 원활한 소통의 첫 번째 조건이다. 상대방을 생각하는 말하기, 배려의 말하기, 말문을 여는 타이밍, 관심과 칭찬, 눈높이 맞추기 등 말하기에 관한 몇 가지 기술과 방법을 익혀두면 한결 부드러운 대화가 가능할 것이고, 남들에게 '잘 통하는 사람'이라는 느낌을 주는 데 도움이 된다. 또, 아날로그와 디지털을 넘나드는 폭넓은 '읽기', 작은 것이라도 기록하고 이야기를 만들어내는 '쓰기'도 우리가 꿈을 이루기 위해 가져야 할 습관이다.

유머 역시 꿈을 이루기 위해서 반드시 갖춰야 할 좋은 습관 중의 하나이다. 사람과 사람 사이를 가장 자연스럽게 이어주는 유머는 타인과 '공감'을 이룰 때 가장 극적으로 발휘된다. 유머는 따뜻한 온정뿐 아니라 조직이나 모임에서 리더십을 발휘하는 데에도 요긴하게 쓰이며 누군가를 설득할 때도 매우 효과적인 매개체이다. 유머 역시 연습과 노력으로 얼마든지 길러질 수 있는 습관이며, 이런 노력들이 당신의 생활 자체를 긍정적으로 바꿀·수 있을 것이다.

익숙한 '나' 새롭게 보기

자신을 가장 잘 아는 사람이 누구냐고 물어보면 대부분 주저 없이 '자기 자신'이라고 대답할 것이다. 흔히들 자신에 대해서는 특별히 알려 하지 않아도 저절로 알게 된다고 여긴다. 자신에 대해 깊이 생각하고 탐색하는 시기도 사춘기나 청년기 이전에 대부분 마무리되는 것이 보통이다. 하지만 의외로 자신에 대해서 잘 모르는 사람들이 많다. 따라서 타인이 자신을 바라보는 시각과 스스로 자신을 바라보는 시각에 큰 차이가 생기기도 한다.

'나'를 미리 정의하지 말자

자신을 스스로 잘 안다고 자부하는 사람들이 종종 타인들의 평가와 전혀 다른 시각으로 자신을 평가하는 경우가 있다. 스스로를 객관적으로 보지 못하기 때문이다. 그들은 '나는 이런 사람이야'라고 미리 재단한 테두리 안에서 자신을 판단하곤 한다. 그것을 깨고 일어서는 것이 바로 자신을 제대로 알아가는 첫 번째 과정이다. 자신을 어떤 틀 속에 가두지 말아야 스스로를 정확히 알 수 있다.

얼마든지 변화할 수 있다는 가능성을 늘 열어두는 것이 중요하다. 자신감은 자신을 올바로 아는 데서 나온다. 자기 자신에 대해 모호하고 막연하게 긍정적인 시각만 가지고 있다면 절대로 자신감이 솟아날 수 없다. 자신이 무엇을 좋아하고 원하며 어떻게 인생을 채우고 싶은지 아는 사람은 그것들을 추구하기 위해 열정적인 노력을 아끼지 않는다. 그동안 가지고 있던 자신에 대한 생각을 모두 접고, 처음처럼 새로운 시선으로 스스로를 바라보자. 기존의 생각을 덜어내고 보태는 과정을 거치면서 가장 진실한 자신의 모습을 찾을 수 있다.

'자아'는 분명 신의 선물이며 축복이다. 나를 다른 사람과 구별해주는 중요한 표상이기 때문이다. 그런데 우리는 이 놀라운 가능성과 잠재력의 샘물을 버리고 일상의 순간적인 반응과 혼란에 사로잡혀 있다. 자신이 누구인지 분명하게 알기 위해서는 자신을 깊이 성찰하는 시간이 필요하다.

나를 발가벗겨라

스스로를 지키기 위해서는 먼저 자신의 약점부터 알아야 한다. 자기를 지킨다는 것은 곧 자신감을 갖고 자기 자신을 지배하는 법을 터득하는 것이다.

약점을 알면 다른 사람과 관계를 시작할 때 자신감을 가질 수 있다. 스스로 약점을 파악하고 있다면 불안감은 사라지고, 조금 더 과감해질 수 있다. 가령 자신이 경쟁에 약하다면 그것은 아주 치명적인 단점이 된다. 경쟁은 일생 동안 따라다니는 것이기 때문이다. 다른 사람과의 경쟁에서 패하고 싶지 않은 두려움 때문에 경쟁을 피하는 것은 아닌지 돌아보자. 경쟁을 이해하려면 다른 사람과 경쟁할 때 그들의 행동에 주의를 기울이고, 그들이 하는 일의 방식을 보고 배워야 한다.

때로는 남을 부러워할 줄도 알아야 한다. 내가 갖고 싶은 것을 누군가가 넉넉하게 가졌다면 부러워할 줄도 알아야 한다. 욕심 없이 착하기만 하고 우유부단한 사람들이 의외로 주변 사람에게 짐이 되는 경우가 많다. 경쟁의식이 없는 사람은 결코 빛나기 힘들다. 쓰리고 아파도 경쟁의 상황에 어느 정도 자신을 맡기는 것도 필요하다. 하지만 진정한 경쟁은 마음속에 있는 자기 자신과의 경쟁이라는 것을 잊지 말아야 한다.

한발 물러나서 바라보자

눈에 보이는 사람들과의 경쟁이 본질은 아니다. 때때로 어떤 상황이나 사물에 대해 깊게 생각하다 보면 그것에 절망하거나 우울해질 수도 있다. 그런 때에는 그 고통을 자각하는 순간이 얼마나 값진 시간인지 생각해야 한다. 현실에 굳건히 발을 딛고 무엇을 어떻게 하고 있는지 정확히 아는 것은 매우 중요한 일이다.

누구나 세상을 살아가다 보면 자신의 힘으로 도무지 어떻게 해볼 도리가 없는 일들이 종종 일어난다. 이것을 흔히 '고난'이라고 표현한다. 의지가 강한 사람은 어떻게든 문제를 해결하려고 고군분투한다. 그러나 대부분 어떻게 해보려고 혼신의 노력을 다할 때는 정작 문제 해결의 기미가 나타나지 않는다.

그러다가 잠시 한발 물러나 문제를 물끄러미 바라보는 순간, 홀연히 해결 방법이 나타나는 경우가 많다. 혼자 있는 시간을 조절하며 자신을 발가벗기는 일을 잘하는 사람은 이런 노하우도 의외로 쉽게 찾는다. 하지만 발가벗겨봐야 눈에 보이는 인간의 능력은 보잘것없다. 육체적인 힘으로는 동물들보다 나을 것이 없고, 계산 처리 능력도 컴퓨터에 미치지 못한다. 중요한 것은 겉으로 드러난 것이 전부가 아니라는 사실이다. 잠재적인 힘을 퍼올려보자. 이제껏 사용해본 적이 없어서 잘 모르는 내 안의 힘을 믿고 시작하면 못할 것이 없다.

재능의 발견은 커녕 묻어버리지는 않는가

사람은 누구나 재능을 가지고 태어난다. 아무런 재능도 없는 사람은 없다. 사회적으로, 혹은 인간관계에서 무능력하고 낙오된 사람이라 해도 재능은 있다. 다만 자신의 재능을 깨닫지 못할 뿐이다. 자신의 내면에 잠재된 재능을 찾아내기 위해서는 무엇이든 자꾸 시도해보는 것이 중요하다.

재능을 묻어버리는 것은 인생에 있어서 커다란 실수다. 내 몫으로 주어진 것을 마음껏 누리지 못하고 생을 마감하는 것은 불행한 일이다. 재능을 발휘한다는 것은 그 안에서 성공과 행복을 누리는 결과를 가져오고 삶의 의미를 찾는 지름길이기도 하다.

보물찾기는 한 번으로 끝나지 않는다

잠재된 재능을 깨우기 위해서는 아무리 하찮은 것이라도 직업을 가져야 한다. 해보지도 않고서 자신에게 어떤 재능이 숨어 있는지 어떻게 알 수 있겠는가? 그렇다고 이것이 어떤 직업을 선택할 것인가의 문제는 아니다. 반드시 마음에 들어야 할 필요도 없다. 어떤 일이든 숱한 시행착오를 거치며 회의와 반성이 반복될 것이고, 여러 과정이 끝난 뒤에야 비로소 자신에게 가장 맞는 일을 찾게 될 것이기 때문이다. 그런 다음에는 노력하고 성공해서 행복해지는 일만 남는다. 그런 과정 없이 처음부터 좋은 직업에 안착해서 시작하겠다는 것은 욕심에 지나지 않는다.

한 장소에서 보물을 발견하지 못했다고 해서 기회가 없는 것은 아니다. 그곳에 없다면 다른 곳을 뒤지면 된다. 생각보다 시시한 보물이 나올 수도 있으며, 또 보물인 줄 알았는데 시간이 지나면 그다지 가치 없는 것으로 드러날 수도 있다. 하지만 그렇다고 해서 보물찾기를 포기하면 안 된다. 보물은 분명히 존재한다. 단지 당신의 눈에 띄지 않는 곳에 있을 뿐이다. 어쩌면 바깥 세상에 흩어져 있지 않고 자기 안에 있을 수도 있다. 마음만 먹으면 언제든지 찾을 수 있는 곳에 있다는 의미다.

자신의 재능을 찾아 직업적으로 활용하는 데 나이는 그다지 중요하지 않다. 시작하는 것이 중요할 뿐이다. 첫술부터 배부를 수는 없다. 시작하면 찾을 수 있고, 찾으면 성공하려고 노력할 것이며, 그다음은 스스로 커나갈 것이다. 일단 시작하고 나면 어떤 방향이든 일은 진행되게 마련이다. 성공과 실패는 그 과정에서 자신의 노력 여하에 달려 있다.

어쩌면 처음부터 비참한 실패와 마주할지도 모른다. 아무리 재능이 있는 사람도 시작은 어설프게 마련이고, 전략적으로 미숙하기 때문이다. 시작은 재능을 발견하고 발전시킬 수 있는 과정에 들어섰다는 것을 의미한다. 잠깐 동안의 고통과 역경 때문에 어렵사리 찾은 재능을 펼치는 일을 시작도 하지 못한다면 기회는 영영 오지 않을 수도 있다. 성실함을 잃지 않는다면 결승점에 도달하게 되어 있다. 누구에게나 한 가지 재능이 있다. 그것을 찾을 수 있는 사람은 '나' 뿐이며 반드시 찾을 수 있다는 확신을 가지자.

혼자만의 시간을 가져라

현대인은 혼자 있는 시간을 두려워한다. 여러 사람을 만나 떠들썩하게 어울리고 무엇인가에 참여해야 자신이 쓸모 있는 사람이라 여기고, 잘 살고 있다고 스스로 위안을 삼는 경우가 많다. 하지만 사람은 홀로 있을 때 비로소 성장한다. 여러 사람과 어울리고 일할 때는 자기 자신을 돌아볼 여유가 없기 때문에 그런 시간이 많으면 많을수록 자기 삶에 대한 피드백이 적어지고 내면의 깊은 성장을 꾀할 수 없다. 하루 중 조용하게 자신을 홀로 두는 시간을 가지게 되면 삶의 변화가 조금씩 시작된다.

버려지는 시간을 살려라

"나만의 시간을 갖기 위해 혼자 있는 시간이 많다"라고 말하는 사람들도 있다. 그러나 막상 "혼자 있는 시간에 과연 무엇을 하는가?"

라는 질문에 맞닥뜨리면 그 시간을 유용하게 관리한다는 자신 있는 대답은 듣기 어렵다.

혼자 있으면서 웹서핑이나 게임에 몰두하지는 않는지? 자신도 모르게 졸음이 와서 잠으로 휴식 시간을 대체하지는 않는지? 쉴 새 없이 통화와 문자를 주고받느라 도저히 홀로 있는 시간이라고 말할 수 없는 경우도 많다. 방해 요소는 사방에 존재하고, 유혹의 강도도 여러모로 높아진 만큼 자기 시간을 온전하게 갖기가 힘들다. 하지만 노력하지 않기 때문에 시간이 없는 것이지, 본래부터 없었던 것은 아니다.

자신을 유혹하는 일을 과감히 끊기만 해도 한 시간은 족히 얻을 수 있다. 한 시간이면 책 30쪽 분량은 충분히 읽을 수 있고, 등에 땀이 날 정도로 걸을 수도 있다. 스케줄을 체크하거나 계획을 세울 수도 있고 미래를 위한 투자도 충분히 가능하다. 쓸모없이 버려지는 시간을 찾아내고 습관이 된 달콤한 유혹을 끊기만 해도 된다.

어제에 이어 오늘도 함께하는 동료들과의 술자리, 불필요한 긴 통화, 인터넷에 빼앗기는 시간을 체크해보자. 줄줄 새고 훌훌 날려버리는 시간은 생각보다 훨씬 많다. 홀로 있을 시간이 없다는 사람이나, 많다는 사람이라도 그 시간을 어떻게 활용하고 있는지 체크해볼 필요가 있다. 진정으로 정신이 온전하게 홀로 깨어 있는 시간을 살려야 한다.

꿈꿀 공간이 있는가

하루 중 가장 바쁜 때를 골라 하던 일을 멈추고 자신만을 위한 공간을 찾아보자. 조용한 공간이면 좋겠지만 여의치 않으면 자동차 안이라도 좋다. 혼자만의 공간을 확보해 그곳을 꿈의 산실로 삼는 것이다. 이 산실에서 여러분은 원대하고 무한한 꿈을 잉태할 수 있다. 그렇게 꿈꾸는 것을 새로운 습관으로 만들어간다. 단 꿈을 꿀 때는 현실과 타협하지 말아야 한다. 부정적인 생각은 버리고 하루에 10분 정도 꿈꾸는 습관을 들이자. 그 습관은 자신이 가진 원대한 꿈을 시각화하는 일, 즉 해야 할 것을 써보고 그려보는 일로 만들 수 있다. 꿈이나 목표에는 휘발성이 있기 때문에 그것이 생겼을 때 그림이나 글로 표현하지 않으면 너무도 쉽게 날아가버린다.

많은 사람들이 그 언저리에서 포기하고 만다. 5분 정도 시간을 내어 마음 가는 대로 생각나는 대로 중단 없이 무엇인가를 써 내려가든지 그려나가면 된다. 아마 마음에 잠재된 무엇인가가 시각화될 것이다.

혼자일 때 할 수 있는 일을 찾아라

악마들이 모여서 어떻게 하면 사람들이 예수를 믿지 않게 만들지 머리를 짜냈다. 한 악마가 사람들을 아프게 하자는 의견을 내놓았다. 그러자 사람들은 아픈 것을 낫게 해달라며 예수에게 더 매달렸다. 다른 악마가 사람들을 가난하게 만들자고 했다. 그래도 사람들은 여전히 예수를 믿었다.

그때 한쪽 구석에서 조용히 듣기만 하던 악마가 "사람들이 모든 일을 내일로 미루게 하자"고 제안했다. 마침내 사람들은 교회에 가는 일도, 공부하는 일도, 오늘 할 일을 모두 내일로 미루면서 예수마저도 '내일부터 믿자' 하고 미루게 되었다고 한다.

성공은 조각난 하루를 성실하게 잇고 쌓아 만드는 완제품이다. 시간도 많이 걸리고, 곳곳에서 많은 난관을 넘어야 한다. 성공한 사람들의 면면을 보며 그들이 무슨 차를 타고 어떤 집에 사는지, 어떤 브랜드의 옷을 입고 다니는지 볼 것이 아니라 그들이 그것을 누리기까지 흘렸을 피땀 어린 노력을 봐야 한다. '나중에 시간이 나면' 이라고 미루는 사람은 정말 시간이 남아서 심심할 지경이 되어도 결코 잘 해내지 못한다. 홀로 있는 시간에 자신을 성찰하고 개선하고 미래에 투자하는 습관도 철저한 계획 아래 이루어져야 한다.

홀로 있는 시간에 무조건 턱을 괴고 내면을 들여다보는 일만 하라는 것은 아니다. 행동이 뒤따라야 한다. 성공하는 사람들은 결코 오늘 할 일을 내일로 미루는 법이 없다. 철저히 세운 계획 아래 그날 해야 할 일은 반드시 마치며, 오늘 할 일이 내일로 밀리지 않게 시간 관리를 철저히 하는 습관을 가졌다.

마찬가지로 혼자 있을 때 할 수 있는 일을 찾는 것도 일단 습관이 되면 힘들이지 않고도 당연히 하는 일처럼 자연스러워진다. 홀로 있는 시간에 무엇을 할지 몰라 당황하지 않으려면 평소에 계획하는 습관을 들여야 한다. 혼자만의 시간이 생기면 곧바로 할 수 있는 일을 찾는 것이 좋다.

큰 입보다 큰 귀를 활용하라

요즘은 자기표현의 시대인 만큼 말하기 능력을 기르기 위해 전문 교습을 받는 사람도 많다고 한다. 그러나 많은 사람들이 자신의 생각을 효과적으로 표현하는 데에만 치중한 나머지 정작 의사소통의 영역 중에 가장 중요한 '듣기'는 간과되고 있다. 애써 노력하지 않아도 된다고 여기는 '듣기'야말로 의사소통을 하는 데 기본이 되는 기술인 동시에, 의외로 잘하지 못하는 영역이기도 하다. 큰 입보다 큰 귀를 갖는 것이 상대방과 아름답고 시원하게 소통하는 지름길이다.

내 말을 잘 듣게 하려면

자기표현을 중요한 삶의 방식으로 채택한 현대인에게 '듣기'는 약화될 수밖에 없다. 말이나 문자보다 자신을 드러내 보이기 어렵

115

기 때문이다. 말을 밖으로 내보내는 일보다 받아들이는 일이 얼마나 숭고한 자기표현인지 아는 사람은 그리 많지 않다.

가족 구성원에게 설문지를 한 장씩 주고 각자가 가족에게 바라는 바를 적으라고 했더니 공통적으로 나온 항목이 있었다. 그것은 '내 말을 잘 들어주고 이해해주는 것'이었다. 사람들은 이렇게 너나없이 상대방이 자신의 말을 잘 들어주었으면 하는 바람을 가지고 있다. 또 상대방의 말을 잘 들어주는 사람은 말을 적게 해도 그 말 한마디가 마음속에 깊은 울림으로 다가온다. 많이 듣는 과정에서 자기표현을 절제할 줄 알게 되고, 그러다 보면 가장 필요하고 중요한 말만 하게 되기 때문이다. 잘 들어주는 사람의 말이 때로 의사 결정에서 중요한 변수로 떠오르는 까닭도, 잘 듣는 사람을 인정하고 신뢰하게 되기 때문이다.

연애를 할 때 행복한 까닭은 서로를 기쁘게 해주려고 노력하기 때문이다. 자발적으로 연인의 말과 원하는 것을 들어주는 과정에서는 다툼이나 오해가 있을 여지가 줄어든다. 그런데 그렇게 서로 들어주고 배려해주던 이들이 결혼이라는 문을 통과하면 다툼이나 오해가 생겨나기 시작한다. 배우자의 말을 들어주고 원하는 것을 해주기보다, 자기 말만 하고 자기 말을 들어주길 바라는 마음이 더 큰 인간의 '본능'을 제어하지 못했기 때문이다. 그러나 잘못을 빨리 깨닫고 상대방의 말에 마음을 열고 열심히 들어줄수록 부부 사이의 평화는 빨리 찾아오게 된다.

잘 듣는 것이 잘 통하는 것

많은 사람이 오해하는 것 중 한 가지는 남다르게 말을 잘하는 사람 곁에 사람들이 모인다고 생각하는 것이다.

이제는 원로 가수가 된 조영남은 인맥이 넓기로 유명하다. 그가 출연한 뮤지컬의 개막 공연에는 국회의장에서부터 에로영화 배우까지 그가 초대한 인사 400여 명이 객석을 가득 채웠다. 예순이 넘은 나이에 두 번의 이혼 경력이 있고, 아무리 뜯어봐도 도무지 미남이라고 할 수는 없는 용모에, 우아함이나 권위, 품위 따위는 아랑곳하지 않는 그는 어떻게 그렇게 사교 범위가 넓으며, 많은 젊은이들이 따르는 것일까. 그는 한 인터뷰에서 그 비결을 이렇게 말했다.

"대한민국 중년 남성들에겐 암보다 더 무서운 병이 있습니다. 노화의 일종인데, 어느 자리에서나 무엇인가를 말로 피력해야 한다는 강박증입니다. 50년 넘게 살았으면 아는 것이 좀 많습니까? 그것을 꼭 말로써 아는 척하기 때문에 주위 사람들은 짜증이 나서 같이 있기 싫어하는 거죠. 나도 그리 과묵한 편은 아니지만 뭔가 말을 해야겠다고 생각하는 순간, 어금니를 깨물면서 참습니다. 대신 그들의 이야기를 잘 들어주고 맞장구를 쳐주는 거죠. 덕분에 젊은이들이 나와는 대화가 통한다고 여기고 찾아옵니다."

말하기는 '소음'을 일으키고 '논쟁'을 부르지만 듣기는 '평화'를 생산하고 '소통'을 가져온다. 주위에 사람들을 모이게 하고 싶다면 지금 하고 있는 말을 반으로 줄여야 한다. '듣기'는 마력과 같아서, 부르지 않아도 사람들이 알아서 다가오는 가장 강력한 주술이다.

좋은 화술을 얻기 위해서 학원을 찾는 사람은 많지만 잘 듣기 위해 따로 노력이나 훈련을 하는 사람은 없다. 어떤 이들은 그냥 들리는 대로 들으며 가만히 있으면 되는 것 아니냐고 되묻는다. 하지만 듣는 데에도 기술이 필요하다.

눈과 가슴으로 듣기

'듣기'에는 '말하기'처럼 다양한 기술은 없다. 하지만 가장 단순하고 중요한 기술이 있는데, 그것은 바로 '공감하며 듣기'이다. 이것은 상대방을 이해하려는 의도를 가지고 경청하는 것을 뜻한다. 즉 먼저 상대방을 이해하고 상대방의 눈을 통해서 사물을 보는 것으로, 다시 말해 그들이 세상을 보는 방식으로 세상을 바라보는 것이다.

그것은 또한 귀로만 듣는 것이 아니라 눈과 가슴으로도 듣는 것을 의미한다. 많은 기업에서 상사와 부하 직원들 사이에 의사소통 문제가 생기는 까닭은 상사가 부하 직원의 말을 공감하며 듣지 않고 지레 판단하는 경우가 많기 때문이다. 의사가 진단도 하기 전에 처방부터 하는 것과 같다.

공자 역시 '말하는 것은 3년이면 배우지만 듣는 것은 60년이 걸려야 배운다'고 했다. 공자가 그의 나이 예순에야 비로소 귀를 열고 순하게 잘 들을 수 있었다는 것이니, 평범한 우리로서는 제대로 '듣기'가 그처럼 어려운 것도 수긍이 간다.

내가 상대방의 이야기를 공감하며 잘 들으면 상대방도 내 이야기를 잘 들어줄 것이고 이는 어느 사회, 어느 조직에서나 적용되는 원칙이다. 입이나 귀는 시치미를 뚝 떼고 잘 듣고 있는 것처럼 가장할 수 있지만 눈은 결코 속일 수 없다. 훈련이 잘된 연기자가 아닌 이상, 눈에는 자신의 의도와 관계없이 진실이 드러나기 때문이다. 딱히 말로 하지 않아도 상대의 말에 깊이 공감하고 있다는 표정과 자세를 보여주는 것은 잘 듣기 위한 기술이기 전에 인간관계에 있어서 기본적인 예의다.

기분 좋게 만드는 추임새 넣기

'듣기' 기술의 또 다른 비결은 맞장구이다. 이는 아무런 반응 없이 입을 꾹 다물고 있는 것이 아니라, 말하는 사람의 기분을 띄워주거나 잘 듣고 있다는 표시를 상대방에게 하는 것을 말한다.

"아하!", "아, 그렇군요", "정말요? 저는 몰랐어요", "그 다음엔 어떻게 되었는데요?", "대단하시군요!" 등의 공감 어법을 적절하게 활용하는 것이 좋다. 그렇다고 해서 상대가 말하는 도중에 "아니죠", "그런데요", "그게 아니라", "사실은요" 등의 엇박자를 놓는 것은 절대로 피해야 한다. 납득이 가지 않거나 자신의 생각과 다르더라도 "아! 그렇게 생각하는군요. 네, 그럴 수도 있겠군요. 제 생각은……" 처럼 대화하는 것이 훨씬 부드럽고 반감을 주지 않는다.

다음으로는 감정을 유입시키는 것이 중요하다. 비록 흥미 없는 이야기라도 무미건조하게 흘려듣지 말고 충분히 감정을 실어서 표현하는 것이 좋다. 조금만 더해도 훨씬 풍요로워지는 것이 '감정 언어'다.

"부럽습니다. 말씀을 듣고 보니 저도 한번 해보고 싶은데요", "오랫동안 하고 싶었던 일인데 먼저 해내셨군요", "정말 대단하세요. 제게도 비법 좀 가르쳐주세요"와 같은 말은 듣는 사람을 기분 좋게 만든다. 이것을 '동조'의 표현이라고 한다. '그 말을 들으니 내 기분이 어떠하다', '듣고 보니 나는 어떤 생각이 든다'와 같은 표현을 의식적으로 써보자.

바람직한 듣기의 자세

상대방의 이야기를 잘 들어주는 사람은 주변으로부터 신뢰를 받는다. 그러면 어떻게 듣는 것이 상대방의 신뢰를 받을 수 있는 바람직한 듣기일까. 우선 자신이 현재 어떻게 듣고 있는지부터 파악해볼 필요가 있다. 다음의 듣기 자세 중에서 자신의 스타일을 찾아보고 보완해야 할 점을 체크해보자.

무시하기 권위적인 아버지들의 전형이다. 자신의 생각이 늘 상대방보다 우위에 있다고 생각하기 때문에 남의 이야기를 전혀 듣지 않는다.

듣는 척하기 마치 상대방을 인정하고 듣는 것처럼 행동하지만 사실은 상대가 말하는 내용 중 10% 정도만 듣는다. 부부 간, 특히 남편들에게서 많이 나타나는 스타일이며 조직에서도 흔히 볼 수 있다.

선택적 듣기 상사가 부하의 말을 들을 때 취하는 자세로, 어떤 것은 듣고 어떤 것은 듣지 않는 자세다. 민주적 리더십보다는 전제적인 리더십을 발휘하는 사람일수록 이런 경향이 강하다. 상대가 말하는 내용 중 30% 정도를 듣는 셈이다.

적극적 듣기 상대가 이야기하면 다양한 제스처로 맞장구를 치면서 적극적으로 들어주는 자세다. 이야기를 주의 깊게 듣기는 하지만 귀로만 듣고 마음으로는 듣지 않기 때문에 상대가 말한 내용 중 70% 정도밖에 듣지 못한다.

공감적 듣기 귀와 눈은 물론 온 가슴으로 듣는 가장 바람직한 자세다. 상대의 말에 의미를 두며 일거수일투족도 놓치지 않고 90% 이상 듣는다. 사랑하는 연인이 그렇듯이 그야말로 '내 이야기'처럼 마음을 활짝 열고 듣는다.

좋은 질문으로 대화를 시작하라

누구나 타인과 즐거운 대화를 나누며 티내지 않고 은근하게 리드하고 싶어 한다. 사람들과 접촉이 많지 않은 일을 하는 사람은 서툰 화법에 신경이 쓰이고, 업무상 여러 사람과 만나야 하는 사람은 당연히 좋은 대화법에 관심이 많을 수밖에 없다. '수다'가 아닌 '좋은 대화'로 이끌기 위한 기본적인 방법을 찾아보자.

전문 인터뷰어라고 생각하라

대화는 묻고 대답하는 것이다. 생각해보면 우리가 살아가는 일 자체가 묻고 대답하는 일의 연속이다. 어떻게 살아갈 것인지 스스로에게 묻고, 그 대답을 몸으로 실천해가는 것이 삶의 원형이라 할 수 있다. 무작정 몸으로 실천하기에 앞서 어떻게 살아갈 것인지에 대한 생각이 중요하듯이, 대화를 나눌 때도 질문은 대답보다 한 수 위의 위력을 지닌다. 질문이 대화를 시작하는 촉매제의 역할을 하는 것이다.

요즘에는 인터뷰만 전문적으로 하는 직업이 있을 정도로, 그만큼 좋은 질문은 좋은 대화를 이끄는 중요한 구실을 한다. 세계적인 석학과 이야기하면서 개인적인 흥미 위주의 질문에 그치고 만다면 그 대화는 시간 낭비인 동시에 무의미해진다.

대화는 질문에서 시작된다. 아무리 훌륭한 답변을 준비해도 누가 묻지 않으면 소용없다. 따라서 아무리 가볍고 부담 없는 만남이라도 미리 질문을 준비하는 태도는 상대방을 배려하는 것이다.

상대방은 당신의 대답보다는 당신이 던지는 질문을 통해 당신을 더 정확하게 판단할 것이다. 전문 인터뷰어가 되기 위해 훈련한다고 생각하고 좋은 질문들을 뽑아보는 것도 좋다. 좋은 질문을 뽑고 그 질문에 대답하는 사람들에게서 배우는 삶의 지혜도 적지 않다. 따라서 단답형 질문보다는 풀어서 대답할 수 있고 그 사람의 생각을 읽을 수 있는 질문을 준비하는 것이 바람직하다. 그러나 대답하기 곤란하거나 상처를 건드리거나 종교나 정치 문제 같은 예민한 질문은 피하는 것이 현명하다. 만일 상대방이 머뭇거리거나 대답하고 싶지 않은 표정이라면 자연스럽고 재치 있게 그 상황을 넘어갈 수 있게 해주는 것도 특별한 기술이다.

좋은 질문을 위한 준비

좋은 질문을 하기 위해서는 어떤 자리에서 나눌 대화인가에 따라

치밀한 준비가 필요하다. 중요한 회의가 있는 자리라면 회의 내용에 대해 잘 알아야 한다. 약간의 지식만 있어도 화술만 갖추었다면 대답은 얼마든지 할 수 있다. 하지만 질문은 다르다. 내용을 모르고서는 좋은 질문을 할 수가 없다. 대답은 융통성과 임기응변으로 대응할 수 있지만 질문은 그렇게 하기 어렵다. 따라서 예상치 못하게 대화가 끊기거나 엉뚱한 방향으로 흘러가는 경우를 대비해 몇 가지 질문을 준비하자. 이때 준비한 질문을 할 타이밍을 정확하게 맞추는 것도 중요하다.

한편 좋은 질문을 하기 위해서는 풍부한 상식을 갖추고 있어야 한다. 상식이 많은 사람은 어떠한 경우에도 대화를 이어나갈 수 있기 때문이다.

상대방을 생각하는 말하기

◆ 쉽게 말하라

어떤 그룹에서든 인기 있는 사람은 이야기를 잘하는 사람이다. 그들은 관련된 이야기뿐만 아니라 다른 사람이 알고 싶어 하고, 궁금해하는 것들을 알아듣기 쉽게 설명해준다. 아무리 풍부한 지식을 갖고 있어도 어려운 용어를 사용하여 말하면 주변 사람들의 호응을 얻을 수 없다. 어려운 이야기도 쉽게 말하는 습관을 들이면 대화를 이끌어가는 리더가 될 수 있다.

◆ 눈을 맞춰라

연설을 할 때는 적어도 한 사람을 2분 정도씩 지속적으로 응시하라. 연인에게 사랑한다고 고백할 때 눈빛에 감정이 고스란히 드러나는 것처럼, 눈의 표정은 의사를 전달하는 데 큰 비중을 차지한다. 효과적인 대화나 연설은 눈맞춤으로 완성되며, 이것은 마음의 여유에서 비롯된다. 어떤 상황에서도 침착함을 잃지 않는 태도가 성공적인 말하기를 가능하게 한다.

◆ 칭찬에 후해지자

칭찬할 일이 있을 때는 칭찬만 하자. 괜히 토를 달면 서로 감정만 나빠지고 분위기만 냉랭해진다. 누구나 칭찬과 감사를 좋아하며 다른 사람들이 자신의 성취와 성과를 인정해주기를 바라는 법이다. 남을 비난하는 대신 칭찬과 감사를 표하면 위기가 기회로 바뀔 것이다.

◆ 나를 낮춰야 한다

장점은 자신감과 열정을 뒷받침해주는 근거가 된다. 그러나 그것이 지나치면 타인을 움츠러들게 하거나 부담을 줄 수 있다. 그렇게 되면 상대방은 쉽게 마음을 열지 않고, 순조로운 대화가 어려워진다. 그럴 때는 자신의 단점도 솔직히 언급하면서 상대방을 간접적으로 칭찬해보자. 상대는 틀림없이 마음의 문을 열 것이다.

◆ 맞장구를 쳐라

대화를 하다 보면 듣는 것보다 말하는 것이 더 재미있고, 시간도 잘 간다. 그래서 자꾸 하고 싶은 말이 꼬리에 꼬리를 물며 떠오른다. 혹시라도 당신이 상대방의 이야기를 경청하지 않고 자신이 할 말만 생각하고 있지는 않았는지 반성해보자. 상대방은 당신의 표정을 통해 자신의 말을 듣는 태도가 어떤지를 분명히 알 수 있다. 상대방의 말에 맞장구를 치며 성의 있게 들어주면 분명히 감동할 것이다.

나를 생각하는 말하기

◆ 솔직하게 말하기

남을 웃기는 재주를 가지고 있다는 것은 큰 능력이다. 많은 사람들을 웃기면서 인기를 얻는 사람들을 보면 대개 솔직하고 꾸밈없다는 공통점이 있다. 그러나 솔직하게 이야기한다고 해서 모두 재미있는 것은 아니다. 솔직하면서도 가벼운 화법으로 그림 그리듯이 상황을 자세하게 묘사해야 한다.

◆ 진실하게 말하기

화려한 미사여구보다 진실한 마음이 담긴 한마디가 상대를 더 감동시키는 법이다. 정말로 말을 잘하는 사람은 허세를 부리지 않고 자신을 진실하게 드러내 보임으로써 타인에게 감동을 준다. 상대방을 설득하고 행동으로 옮기게끔 힘을 발휘하는 기술은 바로 진실함이다.

◆ 쉽게 말하기

말을 잘하는 사람은 평범한 이야기 속에 핵심을 담아 청중의 마음을 움직인다. 생각한 것을 글로 정리하는 습관을 기르면 자신이 표현하려는 내용을 잘 정리할 수 있다. 반드시 훌륭한 문장으로 멋지게 말해야 한다는 강박관념은 버리자. 알아듣기 쉽게 말하는 것이 더 감동을 준다.

◆ 자신만의 스타일 개발하기

말을 잘하는 사람들의 공통된 특징은 자기만의 스타일을 가지고 있다는 점이다. 제스처를 많이 사용하는 사람이 있는가 하면, 독특한 어법으로 말하는 사람도 있다. 개성이 살아 있는 말하기는 청중의 주목을 받는다. 자기만의 독특한 말하기 스타일을 개발함으로써 외모상의 단점까지도 보완하는 효과를 얻을 수 있다.

◆ 거절은 확실하게

살다 보면 남을 도울 일도 있고 남의 도움을 받을 일도 생기게 마련이다. 누군가로부터 부탁을 받았을 때 거절하기는 쉽지 않지만, 그렇다고 해서 무리하게 들어주면 서로 낭패를 보게 될 수도 있다. 자기 능력 밖의 부탁은 우물쭈물하지 말고 즉시 거절해야 한다. 이때는 부탁을 들어주지 못해 미안한 마음을 전하고 예의 바르게, 그러나 확실하게 거절해야 한다.

긍정의 반응으로 대화를 이끌어라

말하기가 '대화'로 완성되려면 대화의 원리를 알아야 한다. 첫째 원리는 상대방과의 적절한 거리를 유지하는 것이고, 둘째 원리는 자기중심적 생각에서 벗어나 상대방 중심으로 생각하는 것이다. 이것이 원만한 인간관계의 기초인 동시에 상대를 사로잡는 대화의 기술이다. 마음을 사로잡는 대화는 생각보다 어렵지 않다. 나는 과연 말을 걸어오는 사람에게 즐거운 반응을 보이는지 다시 한 번 점검해보자.

이유 있는 칭찬으로 대화에 끌어들여라

주위를 보면 같은 말인데도 얄밉게 하는 사람이 있는 반면, 듣는 사람을 기분 좋게 해주는 사람도 있다. 마음을 움직이는 말은 사소한 데서 비롯된다. 상대가 나를 진심으로 배려하고 있다고 느끼는 순간 마음은 움직이게 마련이다. 사람의 마음은 말 한마디로 열릴 수도 있고 닫힐 수도 있다.

인간은 칭찬과 감사를 갈망한다. 진심으로 상대의 장점과 성취도를 찾아서 하는 칭찬은 누구라도 즐겁게 받아들인다. 남을 비난하는 대신 칭찬과 감사를 표현해보자. 실타래처럼 엉켜 있던 어려운 일도 어느덧 술술 풀려나가는 경험을 하게 될 것이다.

하지만 필요 이상으로 과도한 칭찬은 상대를 거북하게 만들기도 한다. 입에 발린 말이나 아부하는 말처럼 들리면 오히려 기분을 상하게 할 수 있다. 자연스러운 대화 끝에 이유 있는 칭찬을 하는 것이 좋다. 상대방이 등산을 좋아한다면 등산에 대해 물어보자. 등산 지식이 없다 하더라도 배우는 자세로 이런저런 것들을 질문하다 보면 상대방도 마음의 자물쇠를 풀고 흥이 나서 이야기할 것이다.

타인의 관심사에 대해 얼마나 아는지는 중요하지 않다. 그저 질문을 던지고 들어주기만 하는 것으로도 충분하다.

예화를 잘 활용하라

옛말에 '이야기를 좋아하면 가난하게 산다'는 말이 있다. 사실 이야기는 누구나 좋아하지만, 이야기를 너무 좋아해서 자꾸 들으려다 보면 일하고 싶은 마음까지 방해할 수 있기 때문에 나온 말일 것이다. 사람들은 하나같이 잘 구성된 이야기를 들을 때 재미있어 한다. 따라서 대화할 때 예를 섞어 말하는 것도 재미있게 말하는 방법 중의 하나다. 어떤 것을 이해시키거나 공감대를 불러일으키는 데 예를 들어 이야기하는 것만큼 효과적인 것은 없다.

윈스턴 처칠이 유머로 국민과 동료 정치인을 사로잡았던 예를 꺼내며 "나도 처칠 같은 사람이 되는 게 꿈이다"라고 말한다면 그냥 말 잘하는 사람이 되고 싶다고 말하는 것보다 훨씬 재미있고 설득력이 높아진다.

링컨 대통령은 예화 없이 20분 이야기하는 것보다 예화를 넣어서 1시간 이야기하는 것이 훨씬 덜 지루하다고 했다. 유명한 강사들의 강연을 들어보면 하나같이 예를 잘 활용한다. '재밌게 말한다' 는 평가를 받는 사람을 보면 대부분 남의 말을 그대로 옮긴 듯이 구사하는데, 이는 관찰력을 발휘하면 그리 어렵지 않다. 경우에 따라서는 사투리나 억양을 익혀두면 이야기가 더 재미있어진다. 의성어나 의태어를 사투리 그대로 구사한다면 훨씬 생동감 있고 재미있을 것이다.

관심 키워드를 잡아라

말수가 적은 여자도 결혼해서 엄마가 되면 말이 많아진다고 한다. 놀이터에 갔다가 "그 아기는 몇 개월 됐어요?" 하고 말문을 트는 일은 아기를 둔 엄마들 사이에서는 자연스런 일이다. 장소를 불문하고 엄마들은 '아이' 라는 공통 화제 때문에 크게 낯가림을 하지 않는다. 이처럼 공통의 화제는 가장 원활하고 활기찬 대화로 이끄는 좋은 이야깃거리다. 다양한 직업, 계층, 연령대의 사람들과 끊임없이 만나고 교류하는 데 어려움이 없으려면 공통된 화제에 대한 관심을 꾸준히 지속시켜야 한다.

직장 상사나 동료의 경우 어느 정도는 취향이나 취미를 알 수 있기 때문에, 그들이 좋아하는 화제로 말을 꺼내면 대화가 한결 부드럽고 활기 있어진다. 관심을 표현할 수 있는 정도의 애정만 가져도 좋다. 어디서 주워들은 유머나 스치듯 본 신문기사라도 그 분야에 관심이 있는 그들에겐 정보가 될 수 있다.

타이밍이 중요하다

그렇다면 과연 어떤 시점에서 이야기를 시작하는 것이 좋을까. 타이밍을 잘 잡는 것이야말로 성공적인 대화의 중요한 요소이다.

처음 만나는 사람에게는 가벼운 칭찬이 가장 무난하다. 가령 미술을 좋아하거나 전공자인 상대방이 인테리어가 멋진 사무실을 가지고 있다면 그곳에 들어서면서 "사무실이 갤러리같이 멋지네요"라고 말해줄 수 있다.

때로는 들어주는 것만으로도 점수를 딸 수 있다. 친해지고 싶은 직장 동료가 있다면 그가 듣고 싶어 할 말을 적절한 상황에 해줌으로써 호감을 살 수 있다. 힘든 일을 마쳤을 때는 수고의 말이나 찬사의 말을, 그가 상사로부터 칭찬의 말을 들을 때는 동감의 맞장구를, 업무적으로 어려움을 느낄 때는 그가 잘해냈던 일을 상기시키며 격려를 해준다.

반대로 말을 아껴야 할 때도 있다. 상대방이 흥분했거나 마음이 상했을 때 위로하겠다고 곧바로 대화를 시도하다가는 오히려 역효과가 날 수 있으므로, 하루 업무를 다 마친 이후나 조금 시간을 두고 메모를 통해 위로하는 시도를 하는 것이 좋다.

말을 잘하는 것도 중요하지만 언제 하느냐가 성패의 반을 가른다
는 사실을 잘 기억하자.

들을 자세가 되어 있으면 다 통한다

이야기를 많이 나누지는 않았어도, 나와 취향이나 관심사는 달라
도, 성격이나 업무 스타일은 달라도 '왠지 저 사람에겐 무슨 말을 해
도 괜찮을 것 같다' 는 느낌이 드는 사람이 있다. 내가 무슨 말을 해
도 '잘 통할 것 같은 사람' 의 이미지인데, 타인에게 그런 이미지를
줄 수 있다는 것은 큰 장점이다.

그렇다면 '잘 통하는 사람' 이란 어떤 모습일까. 적어도 세상 모든
사람 중에 '나와 같은 생각을 하는 사람은 한 명도 없다' 는 사실을
인정하고 인식하여, 거부하거나 비판하는 배타적인 자세 없이 일단
타인의 이야기를 들을 자세가 되어 있는 사람이다. 다른 사람이 한
말을 완전히 이해하거나 가슴으로 공감할 수는 없다고 해도, 상대방
의 생각을 들어주고 이해해보려고 노력하는 일은 얼마든지 할 수 있
다. 세상과 사람을 향해 진정으로 열려 있는 사람은 이를 알고 실천
한다.

이런 사람들은 보통 입이 무겁다. 상대가 말한 내용을 쉽게 평가
하거나 비판하지 않고, 함부로 말을 옮기지도 않는다. 공감하는 부
분에는 흔쾌히 공감을 표하지만, 이해할 수 없는 부분에 대해서도
함부로 재단하고 평가하여 사람을 무안하게 만들거나 상처를 주지
않는다. 이것은 대화의 기술이자 억지로 꾸미지 않아도 되는 자연스

럽고 바람직한 이미지 관리가 된다. 남들이 눈치 채지 않게 서서히 '잘 통하는 사람'의 이미지로 나를 리모델링하자. 당신이 타인에게 건네는 말마다, 대화의 골짜기 굽이굽이마다 소통의 바람이 불어오는 것을 느끼게 될 것이다.

배려와 자신감으로 이야기꾼이 되어라

청산유수처럼 말 잘하는 사람을 보면 누구나 부러워한다. 특히 대상의 특징을 살려서 말하는 사람들이 각광받는 시대다. 똑 떨어지는 매끄러운 화법을 구사하는 사람은 아나운서로도 충분하다. 달변은 아니더라도 마음 깊은 곳을 건드리는 느낌을 주는 사람에게 우리는 '아, 저 사람이 말을 참 잘하는구나' 하고 감탄하게 된다. 전문가들은 '배려'와 '자신감'이 말을 잘하는 가장 중요한 덕목이라고 입을 모은다.

상대를 주인공으로 만들어라

민원을 처리하기 위해 동사무소에 온 허름한 차림새의 노인이 어떻게 해야 할지 몰라 우왕좌왕하다가 직원에게 어렵사리 말을 걸었다. 그런데 거기에 대고 "할아버지, 차례를 지키셔야죠. 번호표부터

뽑으세요"라고 퉁명스럽게 원칙만 들이대며 노인의 말을 자른다면 어떨까. 옆에서 지켜보던 사람조차 화가 날 것이다. 직원은 자신의 위치에서 최선의 말을 했다고 생각할 수도 있지만, 아무리 원칙이나 기본에서 벗어나지 않았다고 해도 듣는 사람의 상황을 무시하고 자기 혼자 말한 것이기 때문에 잘했다고 할 수 없다.

텔레마케터나 카드사 직원들이 한 옥타브 높은 목소리로 "고객님, 안녕하세요" 하고 말하는 것도 듣는 사람의 입장에서는 부담스럽거나 때로는 기분이 나빠지기도 한다. 백화점 주차장에서 튀는 차림으로 손을 흔들며 기계적인 동작을 하는 도우미도 마찬가지다. 진심을 알아볼 수 없을 정도의 과장된 행동은 커뮤니케이션에서 오히려 걸림돌이 된다.

반면 이해와 공감을 얻는 말하기는 듣는 사람을 주인공으로 만든다. 할 말이 있어서 저녁 내내 남편을 기다린 아내에게 일언지하에 "나 피곤해, 내일 얘기해" 하고 말한다면 아내는 화가 날 것이다. 듣는 사람에 대한 배려가 전혀 없기 때문이다. 자신이 피곤한 상태임을 아내가 알아주길 원한다면 "어떤 일 때문에 오늘 하루 너무 힘들었는데, 내일 얘기하면 안 될까?" 하고 솔직하게 말해도 충분히 아내의 공감을 이끌어낼 수 있다. 적절한 질문과 감사의 표현, 배우려는 자세는 상대를 주인공으로 만들면서 대화를 매끄럽게 한다.

눈높이 맞추기는 최상의 배려

그러나 모든 것 중에서 최상의 배려는 역시 상대의 눈높이에 맞춘 대화다. 요즘은 의료 서비스 경쟁이 치열하다. 의사들의 환자 응대도 많이 달라져, 예전에는 의사가 권위적이고 전문적인 설명을 하는 통에 환자가 이해하기 어려웠고 그나마 상세한 설명조차 없었는데, 요즘은 환자나 보호자가 이해하기 쉽게 설명하는 의사들이 많아졌다.

전문 용어나 생략어 등을 사용할 때는 상대방도 그 의미를 잘 알고 있다는 것이 전제되어야 한다. 외래어는 일반화되어 있는 단어 이외에는 가급적 사용하지 않는 것이 좋다. 외래어를 남발하거나 적절하지 않게 사용하면 오히려 자신의 이미지를 손상시킬 뿐 아니라 원활한 대화에 방해가 될 수 있다. 상대의 눈높이에 맞춰 쉽게 말하는 것이 감동을 주는 말하기라는 점을 잊지 말자.

잘못은 깨끗하게 인정한다

말에 자신감이 넘치는 사람의 오류 중 하나는 말하는 자신에게 도취되어 듣는 사람의 마음 상태를 감지하지 못하는 것이다. 그래서 상대방이 반론을 제기하면 불쾌해져서 자신이 틀린 것을 알고도 자존심 때문에 인정하지 않거나 공격적인 자세를 취한다.

사람은 신이 아니므로 모든 일을 완벽하게 할 수는 없다. 따라서 잘못이나 실수를 인정하고 사과하는 사람이 신뢰를 얻는다. 다른 사람이 눈치 채지 못했을 것이라고 나름대로 위로해도 자신의 마음이 꺼림칙하면 자신감을 잃기 쉽다. 스스로 당당해야 대화할 때도 자신감이 생긴다.

말의 씨를 잘 가꿔라

'말이 씨가 된다' 는 말이 있다. 되도록 좋은 말을 하고 낙천적이고 긍정적으로 말하는 것이 그 사람의 삶에 긍정의 씨앗을 심는다는 의미일 것이다. 우리는 이 의미를 너무나 잘 알면서도, 실제 생활에서는 그다지 '씨를 잘 심는 농부' 가 되지 못하고 있다.

어떤 말을 할 때 종종 최악의 상황을 가정해서 말하는 사람이 있다. 가장 나쁜 상황까지 고려해서 준비한다는 점에서는 수긍할 수 있지만, 이처럼 부정적으로 말하는 것이 잦아지면 그것이 부정적인 결과를 가져오는 경우도 많다.

성공의 싹을 틔우는 말

성공한 사람은 부정적인 말을 거의 하지 않는다. 또 그의 뒤에는 긍정적인 생각과 말로 자식을 키운 부모가 있다. 성공하는 사람으로 성장시키는 영양분이 부모의 말 속에 들어 있기 때문이다.

매사에 낙천적이고 긍정적인 친구가 있다. 그는 상황이 좋지 않을 때에도 침울하거나 비관하는 적이 거의 없었다. 늘 잘될 것이라고 믿고, 심지어는 태평하고 느긋하게 기다린다. 내가 어떻게 그럴 수 있느냐고 했더니, 어릴 때부터 어머니가 화내는 것을 본 적이 없다고 했다.

아무리 화가 나도 "이 엄청나게 부자 될 놈아!", "재주가 남자를 능가할 딸내미야!"라는 정도로 재치 있고 귀엽게 화를 내셨다고 한다. 그러다 보니 자기도 어느새 어머니를 닮아가게 되었다는 것이다.

어머니의 긍정적인 말은 자식의 인격 형성과 삶을 대하는 자세에 큰 영향을 끼친다. 이는 말 한마디가 사람에게 얼마나 독이 되거나 반대로 평생 약효가 보장되는 든든한 보약이 될 수 있는지를 잘 보여주는 것으로, 말의 위력을 새삼 실감할 수 있는 일이다.

긍정적인 사람은 다른 사람과의 소통도 무난하게 이루어낸다. 시간이 갈수록 이런 사람과의 교류와 커뮤니케이션은 힘이 되고 격려가 되기 때문에, 함께하는 시간이 즐겁고 그 사람과의 대화에서 자신의 삶을 충전하고 에너지를 얻을 수 있다.

다른 사람과 잘 지내고자 한다면 나부터 달라져야 한다. 부정적인 말을 입에 달고 사는 사람이기보다는, 긍정적이고 낙관적인 말만 하는 사람이 되는 것이 그 비결이다.

버려야 할 습관적인 말투

어른이나 직장 상사가 가장 싫어하는 말투가 있다. "~같아요"와 같이 추측이나 불확실한 단정을 드러내는 서술어다. 이러한 추측성 어투는 말을 못하는 사람이 공통적으로 가지고 있는 특징이다. 자신의 말에 확신이 없으니 제대로 말을 할 리 없고, 상대방을 설득하기 힘든 것은 당연하다. 이러한 말투는 말하는 사람의 됨됨이까지도 불확실하게 느껴지게 하기 때문에, 어떤 경우에도 좋은 평가를 받기가 힘들다.

애매한 표현을 자주 사용하는 것도 마찬가지다. 제대로 이해하지 못하면서 어려운 추상어와 개념어를 오용하거나 외국어를 남용하는 것도 반감을 준다. 또한 말의 앞뒤 혹은 중간에 "음……", "에……", "말하자면……" 같이 지연시키는 말을 자주 사용하는 것도 좋지 못한 습관이다. 자신의 언변이 뛰어나지 못하면 이를 솔직하게 인정하고 말하는 기술을 습득하는 것이 좋다.

어려운 단어나 외국어를 사용한다고 해서 질 좋은 대화가 되는 것은 아니다. 쉽고 분명하게 서로의 의견을 교환하는 것이야말로 좋은 대화의 기본적인 속성이다. 여기에 자신만의 독특한 말투를 양념처럼 섞으면 깊은 인상을 심어줄 수 있다.

인내심이 이끌어내는 긍정적인 변화

좋은 대화로 이끄는 또 하나의 비결은 나와 생각이 다르더라도 상대방의 말을 끝까지 듣고 그가 결론을 내릴 수 있도록 들어주는 인내심이다. 인내심을 가지고 자신을 긍정적으로 변화시킴으로써 다른 사람도 자연스럽게 변화시키는 놀라운 힘을 발휘할 수도 있다.

자신에게 하는 긍정적인 말들은 위로와 격려가 되어 주저앉은 나를 일으킬 수 있다. 봄이 되면 씨를 뿌리는 농부의 심정으로 자신의 소중한 '말의 씨'를 심자. 예쁜 말씨에서 예쁜 꽃이 피고 튼실한 열매가 맺히며, 칭찬과 격려의 말씨에서 열정의 꽃이 피고 성공의 열매가 맺히는 법이다. 모든 것은 당신 자신에게 달렸다.

후배 세대를 스스로 춤추게 하라

어느 시대에나 세대 차이는 있어왔다. 젊은 세대를 못마땅하게 생각하는 기성세대의 푸념은 옛 유적이나 문화재에서도 찾아볼 수 있다는데, 변화의 속도가 어느 때보다 빠른 오늘날, 세대 차이는 당연하면서도 어쩌면 더 첨예할 수 있다.

우리나라는 2008년 기준으로 1980년대 이후에 태어난 세대가 전체 직장인의 23%를 넘어섰다. 이들은 자녀를 한두 명밖에 두지 않은 부모 슬하에서 물적, 정신적 지원을 든든하게 받으며 성장했고, 다양한 IT 기술과 서구식 대중문화에 익숙하다는 특징을 가진다.

특히 IT의 발전은 단순히 기술 발달 차원을 넘어 의식이나 행동 양식에까지 큰 변화를 가져왔다. 그 때문에 나이보다 젊은 감각과 감수성을 가진 리더일지라도 20, 30대 젊은 직원들의 이해할 수 없는 업무태도나 눈에 거슬리는 행동에 자주 당황하게 마련이다. 그렇지만 이 문제를 예전처럼 윗사람의 권위나 호된 꾸중으로 해결하기는 어려워졌다. 왜냐하면 이들 세대는 '내 말이 곧 법!' 이라는 권위적인 스타일에는 반응하지 않거나 좀체 설득되지 않기 때문이다. 권위나 직위로 무엇인가를 강요하면 이들은 쉽게 꺾이거나 이탈한다.

하지만 이들에게도 큰 장점이 있다. 바로 자발성이다. 제대로 동기부여만 해준다면 춤도 추고 노래도 부르고 능력을 발휘하고 실적도 올릴 것이다. 그 때문에 이제 조직안팎에서 이들보다 '어른세대'에 해당하는 리더들은 그들의 자발성을 효과적으로 살릴 새로운 소통방식을 찾는 일이 중요해졌다. 스스로 신바람 나게 일할 '판' 을 만들어주는 일이 리더가 할 가장 중요한 일이 된 것이다. 어떻게 하면 20, 30대와 활발하게 소통할 수 있을까. 그들과 소통하며 함께 즐거워지고 한층 젊어지는 길을 생각해보자.

표정으로 일기예보하지 않는다

기분이 좋은 상태를 드러내는 것은 문제가 되지 않는다. 하지만 개인적인 사정이든, 공적인 사정이든 불편한 심기를 그대로 얼굴에 표현하는 것은 직원들을 긴장하게 만들고 눈치 보게 만든다. 윗사람의 사소한 언행과 감정 표현에 하루에도 몇 번씩 마음속에서 먹구름이 끼었다 해가 떴다 하는 사람들이 부하직원이다. 좋지 않은 심기를 그대로 드러내면 부하직원을 눈치 보게 만들어서, 당장은 마음에 드는 성과를 볼 수 있을지 모른다. 하지만 곧바로 윗사람에게서 날아올지 모르는 분노와 비난의 순간을 모면하기 위해 나중에 더 큰 문제가 될 수 있는 쪽으로 일을 급조하거나 정작 중요한 일에는 소홀하기 쉽다.

좋든 싫든 되도록 얼굴에 그 감정을 드러내지 않는 일이 미덕이다. 젊은 사람들이 마음에 큰 동요를 일으키지 않고 편안하게 일할 수 있는 환경을 만드는 것이 가장 중요하기 때문이다. 이것은 리더 스스로 자신의 마음을 잘 다스릴 때 가능해진다. 아무리 어려운 상황이라 해도 조직의 리더가 긍정적인 태도와 온도차 크지 않은 기분을 유지한다면 직원들은 서로 단합하는 심리가 커지고 조직이 빠르게 위기를 극복할 수 있는 원동력을 갖게 된다.

특별하게 느끼도록 만드는 관심과 배려

앞서 말한 대로 20, 30대 젊은 세대는 부모의 지원을 든든히 받고 자란 세대이기 때문에 자기애와 자부심이 강한 것이 특징이다. 그래서 자기가 속한 조직이 아무리 성장하고 있다고 해도, 그 조직의 일원으로서 그저 그런 존재감으로 어필된다면 실망하기 쉽다. 무한한 자발성과 그로 인한 열정이 살아나게 하려면 맞춤형 커뮤니케이션이 필요하다. 즉 리더가 한 사람 한 사람에게 개별적인 관심을 보여주는 것이다. 스타벅스의 전 CEO인 짐 도널드는 매일 아침 지역의 매니저 5명과 직원 3명에게 전화를 걸어 개인적인 안부를 묻거나 관심사에 대해 이야기를 나눈 것으로 유명하다. 이름을 부르며 안부를 묻는다거나, 그 직원의 개인적 문제를 미리 파악하고 있다가 살짝 언급하며 용기나 힘을 주는 멘트를 하는 것은 자신이 특별한 존재로 대접받았다는 소중한 경험을 주는 것으로, 커다란 동기부여와 함께 충성심을 높일 수 있다.

자발성에 날개를 달아주어라

젊은 세대는 조직에 대한 무조건적 충성보다 보상에 민감하다. IMF 경제 위기로 인한 대규모 구조조정과 평생고용 개념의 붕괴를 목격하면서 단기적·실제적 보상을 추구하는 성향이 형성됐기 때문이다. 업무성과 이외에 조직 내 서열, 근무시간 등은 평가 대상에서 제외하고 객관적인 평가 기준을 만들어 공개한다. 업무의 최종 결과뿐 아니라 과정에 대해서도 피드백이 필요하다. 무엇을 어떻게 잘했는지, 어떤 면에서 개선됐으면 하는지 구체적으로 표현해주어야 한다. 도전적인 업무를 제공하는 것도 그들의 자발성에 날개를 달아주는 일이 된다. 아이디어 제안, 직무순환, 자율적 연구개발, 지식교류 등 참여와 업무 열정을 높일 수 있는 제도를 도입한다. 아이디어 제안 제도, 간담회 정례화, 회의의 간소화, 고충상담채널 등 제도적 장치를 마련해 자유롭게 의견 개진을 할 수 있는 시스템을 만든다. 경쟁보다 협력하는 풍토가 자리 잡는 것이 조직 내 소통의 길을 넓히는 방법이다.

새로운 것을 배우는 데 부지런하라

20, 30대는 새로운 것에 강한 적응력을 보이는 세대이다. IT 기술이 하루가 다르게 발전하면서 그 트렌드의 변화 주기가 빨라지는데

도 이 세대는 40대 이후의 직장인보다 훨씬 빠른 적응력을 보인다. 게다가 이들은 취미활동, 미래를 위한 학습, 최첨단기기 구입 등 자신에 대한 투자를 아끼지 않는다. 최근엔 스마트폰 사용자가 크게 늘고 있지만 아직 널리 보편화된 상태가 아니기 때문에 그것을 잘 이용하는 사람들은 나이에 관계없이 '젊음'이라는 코드로 인식된다. 이런 디지털 기기에 대한 관심과 함께 자유자재로 사용할 줄 아는 능력을 가볍게 볼 수 없는 이유는 은연중에 '아, 이분이 이런 것도 자유자재로 사용할 줄 아는 걸 보니 대화가 좀 되겠구나' 하는 생각을 하게 된다는 것이다. 꼭 디지털 기술에 국한하지 않더라도, 어떤 분야에서든 새로운 것을 배우는 일을 두려워하거나 귀찮아하지 않고 적극적으로 도전하는 것은 젊은 세대와 소통할 수 있는 중요한 접점이 된다.

소통의 문을 두드려라

젊은 세대는 인터넷과 모바일이 없는 세상에서 산다는 것이 불가능한 일일 만큼 거의 생활에 밀착된 필수품으로 여긴다. 그들은 이런 첨단 기기를 사용해 언제 어디서나 대화한다. 이런 매체는 조직과 개인의 대화가 아니라 개인 대 개인의 1:1 대화가 가능하다는 점에 큰 매력이 있다. 이제 대기업 CEO도, 사회적으로 덕망 있는 인사도, 인기 있는 스타도 인터넷과 모바일을 통한 소통을 위해 블로그나 트위터 등을 적극적으로 활용한다. 두산의 박용만 회장이 트위터를 통해 자신의 소소한 일상을 공개하며 젊은 층에게 폭발적인 인기를 얻은 일은 좋은 사례다.

젊은 세대의 반응은 선배 세대에게도 상당히 긍정적인 영향을 준다. 젊은 세대와 첨단의 방법으로 소통한다는 자부심과, 소소한 재미로 인한 그들 세대의 이해가 덤으로 따라온다. 어법에도 맞지 않는 통신 용어가 의외로 감정전달에 효과적인 것도 알게 되고, 나이를 굳이 드러내지 않고 익명으로 문자로만 소통하면서 어느새 자신의 나이를 잊을 정도로 수평적인 소통을 한다는 데서 기쁨을 느낄 수도 있을 것이다. 젊은 세대가 문을 닫은 것이 아니다. 오히려 그들은 여기저기에 문을 활짝 열어놓았다. 그 문을 두드리는 사람이 비로소 그들과 소통할 수 있다.

신나게 놀 수 있는 판을 만들어주어라

선배 세대가 후배 세대에게 화가 날 때는 그들이 조직문화에 동화되지 못하고 따로 놀면서 불평을 할 때일 것이다. 선배 세대는 후배들이 회사일보다 개인생활을 앞세우고, 어려운 일을 피하려 들며, 걸핏하면 사표를 내던지고, 취미에 정신을 판다고 느낀다. 반면 후배 세대는 선배들이 부당하게 개인생활에 간섭하거나 비효율적으로 일을 처리하고, 정당한 퇴근이나 휴가 사용에 제동을 거는 데 불만을 품는다. 특히 회식은 조직문화 중에서도 의외로 불만이 많은 항목이다. 선배가 그저 훈계를 늘어놓으면 들어야만 하고, 선배가 마이크를 잡고 놓지 않아도 아무 소리도 못하고 2차, 3차까지 끌려 다녀야 한다는 점이 못마땅해서 업무의 연장이라는 인식이 있는 회식을 기피한다. 구성원 100%를 만족시킬 수 있는 조직문화는 없겠지만, 대

146

부분의 구성원들이 즐겁고 행복한 쪽으로 가야 조직의 성공을 가져온다. 신세대의 조직문화 코드는 '재미와 소통' 이다. 젊은 세대가 한바탕 신나게 노는 판을 만들어주는 아량이 필요하다. 많은 기업의 사장님이나 회장님이 무거운 권위를 살짝 내려놓고 이들과 한판 신명나게 즐기는 시간이 점점 늘어나는 이유도 이것이다. 소통의 가장 적극적인 방식이기 때문이다. 다만 일회성 이벤트로는 효과를 기대할 수 없으며 지속적이고 정기적인 문화를 안착시키는 것이 관건이다.

진정 아끼는 마음으로 재산을 나누어라

사회적 연륜과 경험, 전문성, 인맥은 젊은 세대가 빨리 갖추고 싶어하는, 부정할 수 없는 선배 세대의 재산이다. 이런 경험과 전문성을 나누어준다는 것은 후배 세대의 입장에서는 수업료를 내고 들어도 좋을, 대단히 좋은 산 정보이다. 후배를 기르는 일은 선배 세대의 의무이자 보람이다. 고유의 가치와 능력을 지닌 개인으로서 신세대 개개인의 성장과 경력에 관심을 갖고 지원한다면 존경과 관심을 한몸에 받을 수 있다. 그들에게 멘토가 되어주는 성숙한 선배세대의 면모를 유감없이 보여주는 것은 어떨까. 하지만 지나치게 계몽적이거나 권위적이기만 해서는 곤란하다. 때로는 늘 근엄하고 엄격한 선배의 모습에서 벗어나 따뜻한 아버지처럼, 때로는 큰형님처럼 느낄 수 있는 친근함으로 다가서는 일도 필요하다. 즐겁게 지내는 자리에서 한 번쯤 권위를 내려놓고 살짝 망가져준다면 후배들과 더욱 가까워질 수 있다.

습관적인 '읽기'를 멈춰라

요즘은 너무나 다양한 볼거리와 즐길 거리가 넘쳐나서 적극적으로 다가가야만 의미를 얻을 수 있는 '문자'는 점점 주목을 받기가 힘들어지고 있다. 미래의 책은 문자와 영상이 합쳐진 형태가 되겠지만, 디지털 시대의 읽기에 대한 성찰은 읽기가 소통의 또 다른 방법이라는 것을 아는 데 의미가 있다.

무질서한 정보 세계에서 중심을 잡자

언제부터인가 사람들은 넘쳐나는 정보 속에서 당황하게 되었다. 이미지나 영상, 음향을 탄 수많은 정보들이 끊임없이 우리를 자극하며 흐르고 떠다니지만 도무지 두서가 없다. 일관되게 정리하여 의미를 파악하려 하면, 그림도 소리도 어느새 그 질을 바꾸어버린다. 조각난 헝겊처럼 툭툭 끊긴 채 맥락이 없는 정보는 우리의 감각만을 유혹하며, 침착하고 논리 정연한 사고를 방해한다.

이런 혼돈을 정리해주는 수단은 말과 글이다. 활자는 이미지나 영상, 음향과는 달리 정보와 인간의 사이에 일정한 거리를 유지하며 '읽어내는 노력'을 요구한다. 뇌를 적극적으로 움직여서 스스로 현실을 이해하고 해석하게 만드는 것이다. 활자는 비대해져가는 정보 세계의 골격이라고 할 수 있다. 무질서하게 부피만 커지는 정보 세계 안에서는 어디가 중심이고 어디가 주변인지, 무엇이 시작이고 무엇이 끝인지 도무지 종잡을 수가 없다. 하지만 활자는 편집이라는 작업을 통해 정보에 뼈대를 부여한다. 신문에는 표제가 있고 책에는 목차가 있어 정보를 한눈에 파악할 수 있다. 인간이 지식을 얻는다는 것은 넘치는 정보에 이러한 골격을 부여하는 것이다. 이러한 활자 문화야말로 인간을 가장 인간다운 모습으로 보여주는 상징적인 문화라 할 수 있다.

21세기에 더욱 더 성장할 정보 세계 속에서 무질서하게 떠다니는 난파선이 되지 않으려면 우리도 확실한 닻을 준비해야 한다. 활자 문화야말로 그 닻이 될 수 있지 않을까.

읽는 수고를 귀찮아하지 마라

인터넷, 게임, 휴대전화 같은 디지털 기기는 아이콘만으로도 의사소통이 가능하며 이미지나 동영상이 활자를 대신한다. 읽기 능력이 없어도 그다지 불편함을 느낄 수 없다. 게다가 디지털 기기 안에 활자가 없는 것도 아니고, 인터넷 상에도 읽을거리가 넘쳐난다.

하지만 요즘 세대는 굳이 '읽는 수고'가 필요한 일은 귀찮게 여기며, 조금만 글이 길어지거나 생각이 필요해지면 당장 다른 웹페이지를 '클릭'하여 그것에서 벗어난다.

그렇기 때문에 영상 세대의 독해 능력은 생각보다 훨씬 빈약하다. 읽기 능력이 떨어지니 생각하는 것조차 귀찮아하고 고단해한다. 타인과 소통이 되지 않는 것은 당연하다. 소통이 되지 않으니 때로는 쌓였던 갈등이 첨예하게 나타나기도 하고, 반대로 모든 일에 지나치게 무관심하기도 하다. 타인의 삶에 대한 이해나 배려도 귀찮고, 아무 생각 없이 컴퓨터 앞에 앉아 게임이나 하는 것이 가장 편하고, 음악이나 다운로드 받아 듣는 일이 즐거울 뿐이다. 이처럼 활자 이탈 현상은 읽기 능력을 점점 약화시키고 결국 소통의 길을 막아, 우리 사회에 심각한 위기를 초래할 수도 있다.

디지털 읽기는 확대된 소통이다

읽기는 자신을 이해하고 표현하려는 욕구에서 시작된다. 타인을 통하지 않고 자신을 이해하고 표현할 수 있는 길은 없기 때문에, 우리는 타인과 관계를 맺을 때 '읽기'라는 간접적인 수단을 통할 수밖에 없다. 디지털 시대에는 이 관계 맺는 방식이 이전 시대와는 조금 다르다고 보면 될 것이다.

디지털 시대의 읽기를 '책'으로만 한계 지으면 곤란하다. 수많은 정보가 웹사이트를 통해 얻어지며, 사람들 사이에 중요한 소통의 장이 되는 커뮤니티만 해도 정보와 사유의 공간으로 손색이 없다. 그러나 전통적인 책읽기가 가져오는 사고의 폭과 깊이는 다른 읽기와 분명한 차이가 있다. 먼저 책읽기를 우선으로 하고, 그밖에 골고루 다양한 방법으로 자신에게 맞는 지식과 정보를 습득하는 일이 필요하다. 책을 읽기 좋아하는 사람은 소통의 넓이와 깊이에서 그렇지 않은 사람과 분명 큰 차이를 보인다. 일단 가까운 곳에서 눈에 들어오는 쓸모 있는 것부터 읽어보자.

신문 기사의 제목만 보는 습관을 버려라

눈만 뜨면 습관적으로 신문을 찾고 텔레비전 뉴스를 켜는 일로 하루를 시작하는 사람들이 많다. 시시각각 변하는 나라 안팎의 소식을 접하고 세상의 흐름을 놓치지 않으려는 노력일 것이다.

신문을 읽는 것은 두 가지 시각을 제공한다. 사건의 드러난 현상만 보는 눈과 드러나지 않았지만 그 본질을 보는 눈이다. 흥미로운 제목으로 눈길을 잡는 인터넷 판 뉴스나 신문의 제목만 훑어보고 마는 '읽기' 수준으로는 사건의 본질을 읽기 어렵다. 조금 더 심층적인 논평이나 기획 기사, 시리즈물 같은 것을 통해 깊게 접근하는 방식을 채택해야 한다.

날마다 시간을 들여 읽어야 한다면 좀 더 가치 있고 깊이 있는 읽기가 되어야 한다. 인터넷 신문의 뉴스 메일링 서비스를 적극 활용해보자. 자신의 관심 분야나 필요한 정보를 받아 볼 수 있는 메일링 서비스는 찾는 수고를 덜어주고 시간도 절약되어 충분한 이용 가치가 있다. 성격이 다른 두 가지 신문의 논점을 모두 보면서 균형 감각을 기르는 일도 필요하다.

한 권 전체 읽기와 요약본 읽기

인터넷 서점의 서비스는 나날이 향상되어 우리는 쉽게 책의 목차를 볼 수 있으며, 더러는 본문까지도 읽을 수 있다. 회원에게 도서 안내 등 유용한 정보를 정기적으로 보내주는 이메일 서비스도 있으므로 독자는 집에서 신간 서적 안내를 받고 구입까지 할 수 있다. 또한 이와 비슷한 방법으로 인터넷 서점은 홈페이지를 통해 회원이 원하는 관심 분야에 맞는 맞춤 권장 도서와 신간 도서를 알려주기도 한다. 이런 방법을 통해 독자는 직접 서점에 가지 않고도 구입할 만한 책을 우선적으로 걸러낼 수 있다. 책날개의 저자 소개와 서문, 목차를 읽는 것만으로도 책의 내용을 대강 파악할 수 있기 때문이다.

좀 더 앞선 방법으로 책의 요약본을 제공하는 서비스도 있다. 해외 신간 서적의 주요 내용을 요약한 것도 있고, 바쁜 직장인을 위해 경영이나 경제, 자기계발, 성공학, 마케팅, 비즈니스 관련 분야의 책만 요약해서 제공하는 사이트도 있다.

반드시 분야를 한정하지 않고 자유롭게 '올해 몇 권을 읽겠다'는 식의 목표를 세워 책과 친해지는 것이 우선이다. 책을 읽어가다 보면 관심 분야가 좁혀지고, 자연히 깊이를 아우르는 독서 세계로 진입할 수 있다.

네트워크를 위한 커뮤니티 읽기

네트워크를 통한 다양한 인간관계는 사회적 연결망으로 자리 잡는 추세이며, 디지털 장비로 무장하고 곳곳을 누비는 네티즌들에게 사회적 네트워크는 필수다. 끊임없이 새로운 가치를 창조하려면 신뢰할 만한 정보를 빠르게 얻어야 하기 때문이다. 인터넷 커뮤니티는 지식의 공유라는 차원에서 놀라운 가능성을 보여준다.

미니 홈페이지나 블로그, 트위터 등은 자유롭게 꾸밀 수 있고 자신의 이미지를 긍정적으로 표현할 수 있는 최고의 도구로 각광받고 있다. 홈페이지나 블로그, 카페 등에도 보물 같은 정보와 함께 읽을 거리가 풍부하다. 또한 이러한 정보를 얻거나 즐기기 위해서 모여드는 사람들로 가득하다. 커뮤니티는 정보 공유와 커뮤니케이션이라는 두 마리 토끼를 잡을 수 있는 곳이다. 적극적으로 가입해 활동하며 알짜배기 정보도 나누고 시원한 소통이 주는 마음의 즐거움도 느껴보자.

쉽고 자유롭고 꾸준한 글쓰기를 하라

하루가 다르게 급변하는 생활 속에서도 달라지지 않는 것들이 있게 마련이다. 다양한 커뮤니케이션 수단이 발달하고 있지만 글로써 자신을 표현할 일은 점점 많아지고, 어떻게 해야 효과적인 글쓰기를 할 수 있을지에 대한 고민은 떠나지 않는다. 하지만 생각을 바꾸면 글쓰기 또한 한층 편하고 즐거운 일로 바뀔 수 있다.

욕심을 버리고 여유를 가져라

좋은 글을 쓰는 것은 어렵다. 책을 아무리 많이 읽은 사람도, 말을 잘하는 사람도, 심지어 글쓰기로 밥을 먹고 사는 사람이라 해도 저마다 글쓰기에 어려움을 느끼기는 마찬가지다. '아는 것'과 '가르치는 것' 사이의 간극처럼 머릿속에 든 생각과 그것을 글로 풀어내는 일 사이의 좁혀지지 않는 간극 때문에, 글을 쓰는 사람들은 원고 지나 모니터 앞에서 풀리지 않는 실타래를 든 사람처럼 끙끙댄다.

좋은 글을 쓰고 싶다면 먼저 좋은 글을 쓰는 데 방해되는 잘못된 고정관념을 버려야 한다. 고정관념을 가지면 자유롭게 글을 쓰기 어렵다. 좋은 글은 어려운 말이나 관념어가 들어간 글이 아니다. 자신의 생각을 과장되지 않은 쉬운 말로 써나가면 된다.

좋은 글을 쓰기 위해서는 반복적이고 체계적인 연습이 필요하다. 반복적인 연습은 읽고 생각하고 쓰는 것이다. 개인 미디어나 커뮤니티 사이트에 글을 올리면 언제든지 업데이트할 수 있고 독자들의 반응을 즉각 알아볼 수 있다는 점에서 대단히 매력적이다. 블로그의 좋은 내용을 책으로 출판하는 '블룩(blook)'의 인기도 여전히 뜨겁다. 글쓰기에 동기를 부여하는 데 이보다 더 좋은 것은 없다. 처음부터 좋은 글을 쓰겠다는 욕심을 버리고, 꾸준하게 글을 써나간다면 당신도 좋은 글을 쓸 수 있다.

글쓰기에 대한 두려움 없애는 법

1986년 6월부터 20년 동안 하루도 빠짐없이 일기를 써온 사람이 있다. 일기장의 개수는 무려 121권으로, 라면 상자로 3상자에 달한다고 한다. 일기의 주인공은 고등학교에 갓 입학했을 때 첫 미팅을 주선했던 선배의 농담이 동기가 되어 일기를 쓰기 시작했다고 한다.

"10년 동안 일기를 쓰면 성공한다더라."

이 말이 어떻게 소년의 마음에 강력한 동기를 불어넣었는지 모르겠지만 그는 그때부터 20년을 한결같이 날마다 일기를 썼고, 마치

양치질처럼 그에게 습관이 되었다. 따라서 그의 일기에는 사춘기에 접어든 예민한 고교생 시절의 입시 스트레스와 진로에 대한 고민들까지, 그의 삶이 촘촘히 새겨져 있다.

일기 쓰기는 한 사람의 내면을 성장시켜주고 자신의 정체성과 삶에 대한 자세를 잡아가는 데 더없이 좋은 습관이다. 그러나 남이 보지 않는다는 전제로 진솔하게 쓸 때에야 비로소 자기 안을 볼 수 있는 통찰력이 생긴다. 자신의 솔직한 감정을 있는 그대로 꺼내 직접 눈으로 확인함으로써 실체를 깨닫는다. 억압이나 부정을 하지 않고 있는 그대로의 나를 보면서 실제 행동해야 할 원칙을 정하게 되고, 진심으로 원하는 나를 찾을 수 있게 된다. 정신분석이나 심리학에서 일기 쓰기를 '치유'의 과정으로 보는 것은 이 때문이다.

자전적 형태의 글이나 창작은 쓰는 사람에게는 치유의 의미가 되기도 한다. 창작에 몰두하는 대부분의 작가는 본질적으로 자기 안의 정신적 내상을 치유하는 한 방법으로 글쓰기를 한다고 볼 수 있기 때문이다.

그런 과정을 잘 보여주는 작가가 소설가 김형경이다. 소설 《사랑을 선택하는 특별한 기준》을 통해 그녀는 자신이 받은 10년간의 정신분석을 그대로 녹여내 '우리를 정신분석의 길로 안내하는 유일한 소설'이라는 찬사를 받았다. 집을 팔고 여행을 다녀와서 쓴 《사람 풍경》에서도 사람이 살아가면서 가질 수 있는 수많은 감정의 키워드를 따라가며, 여행기와 심리치료를 잘 버무린 좋은 글을 탄생시켰다. 적어도 우리는 소설가 김형경이 이러한 글쓰기를 통해 분명 자신의 상처받은 내면을 일정 수준 치료하고 한결 가벼워졌을 것이라는 추측을 어렵지 않게 할 수 있다.

　글쓰기로 내면의 상처를 치료하고 본연의 나를 찾고자 한다면 감정에 솔직한 글쓰기를 해야 한다. 내면의 목소리에 귀 기울이고 솔직하게 기록하는 과정을 거칠 때 통찰력이 생기는 글쓰기에 성공할 수 있다. 글쓰기에 대해 두려움이 있다면 일기부터 써보자. 타인을 의식하지 않는 자유로운 일기 쓰기를 통해, 자신만의 욕구를 찾고, 내가 되고 싶은 나를 찾게 될 것이다. 그럼으로써 진정으로 하고 싶은 일을 찾을 수도 있고, 쓰고 싶은 글을 재발견할 수도 있을 것이다.

따뜻한 유머로 사랑의 증거를 보여라

몇 해 전 한 시대를 풍미했던 코미디 황제 김형곤은 마지막 글에서 '온 국민이 웃으며 잠들게 하라' 는 말을 남기고 영원히 잠들었다. 온갖 나쁜 뉴스를 들으며 웃음을 잃은 채 잠들어야 하는 국민을 걱정한 말이지만 애석하게도 그의 걱정은 여전히 유효하다. 웃음이 없는 사람 사이에는 의례적 소통만 있을 뿐 마음을 데우고 상처를 치료하는 즐거운 소통이란 없다. 웃음을 찾으면 수다스러워지고 너그러워진다. 커뮤니케이션에도 신바람이 부는 것은 당연하다.

유머 감각만큼 당신을 돋보이게 하는 것은 없다

어린아이는 하루 평균 400번 웃는 데 비해 어른은 불과 15번 웃는다고 한다. 어린아이가 어른처럼 잘 웃지 않는다면 성장 발육도 늦고 각종 질병에 걸릴 확률도 훨씬 높다고 한다. 의사들이 연구한 웃음의 대표적인 임상 효과를 보면, 한바탕 크게 웃는 것은 5분 동안 에어로빅을 하는 운동량과 같고, 20분 동안 웃으면 3분 동안 격렬하게 노를 젓는 것과 운동량이 같다고 한다. 소리 내어 웃는 것은 환자의 통증을 없애주고, 근육의 긴장을 이완시키며 교감신경계의 스트레스를 어루만져준다. 또 혈액 순환을 좋게 하고 혈압을 낮추는 효과가 있으며, 부신에서 통증과 신경통과 같은 염증을 낫게 하는 신비한 화학물질이 나온다고 한다. 그만큼 웃음은 정신적인 건강은 물론이고 신체적인 성장이나 질병에 대한 면역력이나 치료효과까지 높아 실제 치료의 중요한 수단이 되기도 한다.

가볍고 즐거운 이야기를 하면 처음 만난 사이에도 서먹서먹한 느낌이 사라지며 한결 친해지기 쉽다. 상대에게 강렬하고 좋은 첫인상을 남기는 것은 당연하다. 유머 감각이 있는 사람은 단연 돋보이며 인간관계도 원만하다.

관심 분야가 다양할수록 고품격의 유머가 나올 수 있다. 또 꾸지람, 직언, 비판, 충고 등을 할 때도 유머를 활용하면 상대를 불쾌하게 하지 않으면서 효과적으로 자신의 생각을 전달할 수 있다. 이때 유머의 서론은 길지 않아야 효과가 있으며 또박또박하게 말하는 것이 좋다.

유머는 가장 효과적으로 동기 부여를 하는 방법이며, 동시에 부작용이 적은 비판이 되기도 하므로 갈등을 해결하는 가장 빠른 방법이다. 유머 감각이 뛰어나면 그만큼 사람 사이의 관계를 잘 엮고 푸는 역량이 생긴다. 관절 운동이 원활하도록 돕는 연골처럼, 유머야말로 사람들 사이의 관계를 이어주는 연골이라고 할 수 있다.

당신은 이미 유머 만드는 공간을 갖고 있다

프랑스 작가 장 루이 푸르니에는 《아빠 어디 가?》라는 책을 통해 처음으로 장애인인 두 아들 이야기를 했다. 하지만 그가 이야기하는 방식은 절망적이거나 무겁지 않으며 오히려 유머스럽기까지 하다. 아들의 상태가 점점 나빠지는 순간부터 메탈로 된 코르셋을 입고 세상을 떠나는 순간까지, 장애에 관련된 고통에 대해 이야기를 할 때에도 작가는 유머를 잃지 않았다.

그의 책에서 '유전자 로또에 도전했으나 본전도 못 뽑았다' 는 적나라한 표현이 거슬리지 않는 이유는 그의 이야기가 절망의 코드에서 허우적대지 않고 따뜻한 웃음을 적절히 배합했기 때문이다. 그는 자신의 유머를 '사랑의 증거' 라고 이야기하고 있다.

진정한 유머는 기술보다 사람에 대한 진심 어린 애정과 존중이 있어야 한다. 따뜻하고 여유 있는 마음을 가지고 세상만사에 관심을 가지며 유머 감각만 있으면 된다. 긍정적인 생각과 적극적인 행동 또한 유머가 만들어지는 공간이다. 유머를 단순히 아무나 할 수 없는 고난이도의 '기술' 로 여기는 사람은 타인을 웃길 수 없다.

마음의 여유를 가지고 때로는 느긋한 마음의 평화를 누리며 만나는 사람에게 먼저 인사하고, 먼저 칭찬하자. 멋진 옷차림을 칭찬하고, 밝은 얼굴을 칭찬하고, 깨끗한 책상을 칭찬해보자. 내 남편과 내 아내, 내 아이를 칭찬하고, 동료의 어깨를 두드려주자. 그러면 건강한 유머와 밝은 웃음이 꼬리를 물고 피어날 것이다.

160

내가 먼저 웃고 남을 웃겨야 한다

같은 일이라도 휘파람을 불면서 신나게 하는 사람이 있는가 하면, 어떤 사람은 남들이 부러워하는 일을 하면서도 늘 불만에 찬 얼굴로 일한다. 즐겁게 일하는 사람과 그렇지 않은 사람의 수명은 10년 이상 차이가 난다고 한다. 수명의 차이뿐만 아니라 사회적인 지위나 물질적 소유 등 모든 면에서 볼 때 일을 즐겁게 하는 사람과 짜증을 내며 하는 사람은 결과가 다르다.

희망과 낙관의 근거를 찾아라

약 25km 정도의 구간을 하루 종일 시계추처럼 오가는 버스가 있다. 버스를 운전하는 기사는 늘 같은 사람이다. 지겨울 법도 한데 그는 늘 밝은 얼굴로 승객 한 사람 한 사람에게 목례를 하고 인사말을 건넨다. 노인이나 아이들이 오를 때는 자리에 앉을 때까지 차를 움직이지 않는다. 버스 안 승객들의 나이를 감안하여 음악도 그때그때 분위기를 바꾸어가며 트는 등 즐겁게 일한다.

성공했다고 생각하는 사람들은 거의 모두가 유머 감각을 가지고 있다. 그들은 성공하거나 부자이기 때문에 즐거워진 것이 아니라, 즐겁게 살아왔기 때문에 성공하고 부자가 된 것이다. 즐겁지도 않은데 어떻게 웃느냐고 반문할 사람도 있을 것이다. 코미디 프로그램은 억지로 웃기려고 해서 유치하고, 뉴스는 웃음을 주기는커녕 울화증만 더하고, 만나는 사람들도 모두 제 할 일에 바쁜 듯하니, 도무지 웃을 일이 없다는 것이다. 그러나 누가 웃겨주지 않아도, 웃을 일이 별로 없어도 잘 웃는 사람들이 있다. 그들은 늘 긍정적이고 낙천적이다. 과연 그들은 고민이나 걱정거리가 없는 것일까? 고민거리가 하나도 없는 사람이 어디 있을까. 다만 그것들을 처리하는 방식이 남과 다를 뿐이다. 그런 사람들은 잘 해결될 수 있을 것이라는 믿음을 잃지 않고, 해결할 수 없는 문제로 쓸데없이 자신을 괴롭히지 않으며, 타인으로 인한 스트레스를 오래 지니고 있지 않고, 좋지 않은 상황에서도 절망과 우울보다 희망과 낙관의 근거를 빨리 찾는다.

조금만 바꿔도 웃음이 절로 난다

오늘부터 무리하지 말고 생활 패턴을 살짝 바꿔보자. 이제까지 해오던 일도 오늘은 조금 다르게 해보는 것만으로도 생기와 웃음을 찾을 수 있다. 자가 운전으로 늘 막히는 출근길이라면 지하철을 타고 출근해보고, 인사를 받는 데에만 익숙했다면 먼저 활기차게 인사를 건네보자. 어렵지 않지만 귀찮고 짜증나는 일이라 피해왔던 일이 있다면 소매를 걷고 자발적으로 한다든가, 봉사나 기부에 냉담했다면 구걸하는 사람에게 천 원짜리 지폐라도 한 장 베풀어보고, 남들에게 싫은소리를 잘 못해서 거절하지 못하고 늘 쩔쩔 맸다면 단호하게 '아니오' 라고 말해보자. 오래되어 익숙한 것일수록 방법을 바꾸어보는 것이다. 그것만으로도 새로운 세상이 기다리고 있다는 사실에 무척 놀랄 것이다. 고정관념과 편견을 버리고 작고 사소한 것부터 생활 패턴만 바꿔도 인생 전체를 바라보는 시선이 달라지는 출발점이 된다는 것은, 인생을 살아온 사람들의 축적된 삶의 지혜이기도 하다.

평소 잘 웃고 다른 사람에게 웃음을 주는 사람과는 같이 일하는 것이 즐겁다. 최근엔 직장인은 물론 기업의 경영자들에게도 유머 감각이 갖추어야 할 필수 조건으로 떠오르고 있다. 유머는 일하는 분위기를 띄우는 것에 그치지 않고 생산성 향상이나 업무의 성패를 가르는 중요한 열쇠가 된다. 유머 감각을 키우고 업그레이드시키는 노력은 삶에 굉장한 변화를 가져온다.

언제나 웃을 준비가 되어 있어야 한다

마술을 감상할 때 거기에 빠져서 신기하고 재미있게 즐기는 사람도 있지만, 마술사가 어디서 속임수를 쓰고 어디서 실수하는지 팔짱을 끼고 굳은 표정으로 보는 사람도 있다. 마술은 분명 눈속임이다. 그러나 신세대 마술사 이은결은 한 인터뷰에서 마술은 인간의 환상을 채워주는 것이므로 기꺼이 그 환상을 즐겨달라고 했다. 마음을 온전히 환상에 내맡기고 어린아이가 되라는 주문이다. 유머에 대한 생각도 마찬가지다. 유머 감각은 타고난다는 생각, 유머는 시시껄렁하다는 생각, '어디 한번 웃겨보시지' 하는 태도로 버티는 마음을 버려야 한다.

유머 감각을 타고나 상대방에게 즐거움과 호감을 전달하는 사람들은 대부분 감성지수가 높은 사람들로, 이런 사람들은 다른 사람들과 어울려 일할 때 분위기를 높이는 것 이상으로 좋은 결과를 가져온다. 그러나 유머 감각이 부족한 사람이라도 후천적으로 얼마든지 키울 수 있다. 우선 밝은 마음으로 자주 웃어보자. 표정이 바뀌면 생각과 행동이 바뀌게 된다. 웃을 준비를 하고 무슨 일이든 긍정적으로 즐겁게 받아들이면 유머 감각이 조금씩 되살아날 것이다.

연습과 노력으로 유머 감각 기르기

인터넷이 세상을 바꾸면서 정보가 평등하게 노출되고, 유머의 소재 역시 더욱 풍부해졌고 유행도 빨라졌다. 사회 전반에 만연한 유머는 이미 우리 생활 깊숙한 곳에 침투해 있는 '생활의 비타민'이라고 할 수 있다. 치열한 경쟁 사회를 살아가는 현대인에게 유머 감각은 곧바로 경쟁력으로 이어진다.

특히 기업이나 비즈니스맨들에게 있어 유머는 성공 여부를 결정짓는 '비장의 무기'로까지 인식되고 있다. 아무리 아이디어가 뛰어나고 제품이 우수해도 고객에 대한 '유머 서비스'가 없다면 그 기업의 미래는 결코 밝지 못할 정도로 유머는 중요한 구실을 한다.

웃음은 호감과 협력을 암시한다. 따라서 타인의 웃음을 쉽게 끌어낼 수 있는 사람은 그만큼 매사에 협력과 지지를 쉽게 얻어낼 수 있다. 유머는 곧 설득력이기도 하다. 뛰어난 정치인들이 유머 감각도 뛰어난 것은 이 때문이다. 적극적으로 자신의 삶을 헤쳐가고 싶다면 유머 감각을 성공의 필수 요건으로 삼아야 한다. 틈틈이 책과 자료를 통해 유머 소재를 찾고 메모해두는 습관을 길러보자. 유창하고 능숙한 말솜씨, 풍부한 어휘력 등을 길러주는 독서야말로 유머의 원천이다. 관심 분야가 다양할수록 고품격의 유머가 나온다.

유머 감각을 기를 수 있는 세부적인 실천 사항은 다음과 같다.

◆ 생각하는 방식을 바꿀 것
◆ 항상 메모하고 연구할 것
◆ 연상하는 습관을 가질 것
◆ 비교와 비유에 익숙해질 것
◆ 꾸준히 실험하고 평가할 것
◆ 예의와 자연스러움을 익힐 것

솔직함으로 남을 웃길 수 있다

좀처럼 남을 웃기지 못하는 사람이라 해도 절망할 필요는 없다. 유머는 꾸미지 않은 솔직함에서도 나올 수 있기 때문이다. 토크쇼에 나온 신인 가수가 한마디 할 때마다 쇼의 진행자는 웃음을 참지 못했다. 진행자가 신인 가수에게 물었다.

"○○씨는 남을 웃기는 재주가 있네요. 비결이 뭐죠?"

신인 가수는 별것 아니라는 표정으로 말했다.

"별것 아니에요. 그냥 솔직하게 말하면 사람들이 웃어요."

하지만 솔직하다고 무조건 이야기가 재미있는 것은 아니다. 예의를 갖추지 않고 내뱉는 솔직함은 인간관계에 큰 상처를 남길 수 있다. 의도한 것이 아니더라도 비난의 뜻이 담긴 솔직한 이야기는 금물이다. 같은 내용이라도 심각하게 이야기하면 내용이 무거워진다. 솔직하게 이야기하되 가능하면 가볍게 이야기해야 사람을 웃길 수 있다.

잘 모르는 사람과 이야기할 때는 정치, 종교, 인종 문제처럼 민감한 사안은 되도록 삼가는 것이 좋다. 만날 사람의 취향을 미리 파악해 스포츠, 음악, 문학, 영화, 연극 등 각종 문화 행사와 연관시켜 상대방이 관심을 갖고 있는 분야에서 소재를 이끌어내면 부드럽게 대화를 시작할 수 있다.

하루에 1%씩 유머를 업그레이드하자

잘 웃는 사람이 잘 웃길 수 있다. 마음의 여유와 열린 사고만 있다면 얼마든지 잘 웃고, 웃길 수 있다. 유머는 사람을 변화시키고 자신을 상대에게 가장 빠르고 확실하게 기억시킬 수 있는 방법이다. 유머 있는 생활을 하면 지금까지와는 사뭇 다른 즐거움을 발견할 수 있을 것이다.

두 마리 토끼를 잡는 유머

세계적인 축구 스타 티에리 앙리가 TV 오락 프로그램에 출연해서 꽤 높은 시청률을 기록한 적이 있다. 그는 코믹하고 익살스러운 다른 출연자들과 자연스럽게 호흡을 맞춰 프로그램을 빛냈다. 앙리는 언어의 장벽에도 불구하고 통역 없이 우리나라의 유머를 이해하는 유머러스한 스타였다. 세계적인 스타에게서 흔히 볼 수 있는 권위 또한 찾아볼 수 없었다.

유머는 사람을 편안하고 즐겁게 하는 동시에 카리스마를 가진다. 특히 자신의 일에 철저하고 자신감이 있는 사람이 유머 기질까지 겸비했을 때, 그 유머는 뼈가 있고 만만치 않은 저력을 갖게 된다. 단순히 웃기는 것이 아니라 의도하지 않아도 자연스럽게 어떤 메시지를 담게 된다. 그래서 기분 나쁘지 않게 의사를 전달할 수 있고, 설령 비판의 메시지를 담고 있다 하더라도 그것을 기꺼이 수용할 수 있는 분위기가 조성된다. 두 마리 토끼를 잡는 셈이다. 이처럼 어떠한 상황에도 통하는 만병통치의 명약이 바로 유머다. 현재 삶의 만족과 활력, 미래를 향한 성공 의지는 이 유머를 어떻게 잘 활용하고 관리하느냐에 달려 있다.

공감 능력으로 웃음을 만든다

주변에서 '형광등'이라는 별명을 가진 사람을 본 적이 있을 것이다. 이야기의 핵심을 빨리 알아채지 못하거나 웃긴 이야기를 들어도 남들이 다 웃을 때까지 어디서 웃어야 할지, 왜 웃는지 몰라 타이밍을 놓치는 사람이다. 이것은 순발력과도 관계가 있지만, 공감 능력과 관계가 있다. 특히 유머에는 공감 능력이 절대적으로 필요하기 때문에 그것이 부족하면 제때 웃지 못한다.

오랫동안 영업을 해온 미용실이 있는 도로 바로 맞은편에 새로운 미용실이 문을 열었다. 새 미용실은 큼직한 광고판을 내걸었는데, 거기에는 "단돈 5천원에 커트해드립니다"라고 씌어 있었다. 이에 지지 않으려고 건너편 미용실의 노련한 주인은 다음과 같은 광고를 내걸었다.

"저희 미용실에서는 5천원짜리 커트를 멋지게 고쳐드립니다!"

'싼 게 비지떡'이라는 재치 있는 주인의 마케팅에 공감할 수 있는 사람만 웃을 수 있고, 유쾌하게 이것을 받아들일 수 있다. 이것이 바로 유머의 힘이다. 유머를 활용하면 전하고자 하는 내용을 좀 더 흥미롭게 전할 수 있고, 많은 사람의 주의를 끌 수 있다. 공감 능력은 결국 사람의 마음을 읽는 능력이다.

유머가 싹틀 수 있는 환경

한국인이 유머가 부족하다는 말은 익히 들어왔을 것이다. 결국 사람에 대한 이해와 마음을 읽는 능력이 부족하다는 의미로 해석할 수 있는데, 이것은 전반적으로 성격이 급한 데서 원인을 찾을 수 있다. 바쁘게만 살다 보니 유머를 즐길 만한 여유가 없는 것이다. 교통사고 사망률이 세계 최고라는 수치를 보아도, 우리가 얼마나 서두르며 살고 있는지 알 수 있다.

유머는 웃음을 사랑하고 여유를 나눌 수 있는 환경에서 나온다. 쫓기듯이 일만 하고 여유 없는 마음은 웃음과 유머를 잃게 만든다.

우리는 또한 '세계 최고', '세계 최대'라는 말에 집착한다. 집은 클수록 좋으며, 자동차도 중형 이상만을 선호하고, 가전제품도 최신 모델에 용량이 클수록 관심을 끈다. 내 것이 얼마나 소중한지를 잊고 사는 사람에게 유머를 기대할 수는 없다.

지나친 욕망과 욕심을 버려야 한다. 우리는 종종 사소한 일에 목숨을 걸듯이 살아간다. 자신의 일만으로도 바쁘면서 남의 일에 신경 쓰고, 괜한 일에 의심이 많으며 불필요한 일에 에너지를 낭비한다. 자기 일에 충실하며 인생의 행복을 찾아나서는 일이 더 시급하다.

우리는 본래 여유와 배짱, 해학을 가진 민족이다. 가난에도 굴하지 않았던 선비들의 도가 바로 유머라는 토양이다. 그 여유와 너그러움 속에 싹튼 조상의 유머가 오늘을 사는 우리에게도 필요하지 않을까?

개그맨만큼 책을 읽어야 한다

유머는 선천적으로 타고나는 재능이 아니다. 순발력이 뛰어난 인기 개그맨들도 많은 시간을 투자해 책을 읽으며 아이디어를 얻는다고 한다. 유창하고 능숙한 말솜씨, 풍부한 어휘력 등을 길러주는 독서야말로 유머의 원천이다. 관심 분야가 다양할수록 고품격의 유머가 나올 수 있다.

가장 간단한 전략은 잡지나 출판 매체들을 정기 구독하고 유머 프로그램을 보면서 마음을 풀고 즐기는 일을 일상으로 만드는 것이다. 재미있고 창조적인 괴짜 친구나 재미있는 사람들과 자주 어울리는 것도 유머에 대한 감을 기르는 한 가지 방법이다.

대화 중에 책이나 다른 사람들의 대화 등에서 가져온 재미있는 이야기를 살짝 끼워 넣어보자. 그다지 웃기지 않더라도 당신에게 유머 감각이 있다는 사실을 전달할 수 있다. 목표는 당신의 유머 감각을 커뮤니케이션하는 것이지, 혼자 들떠서 수다 떠는 것이 아니라는 것만 기억하면 된다.

유머는 웃을 수 있는 사람에게 더 재미있게 다가온다. 유머를 '쓸데없는 우스개'로 깎아 내리지 않고 긴장을 풀어주는 휴식과 일상의 즐거움으로 받아들이는 사람은 유머의 최대 수혜자가 된다. 잘 웃는 사람이 남도 웃길 수 있다. 심각하고 진지한 삶만 아름다운 가치라고 생각하는 엄숙주의부터 버리자. 조금 어린애다운 장난기와 마음의 여유를 갖는다면 자연스럽게 유머를 구사할 수 있을 것이다.

여러분의 유머는 상사, 동료, 고객들에게 여러분의 이미지를 따뜻하고 유쾌한 사람으로 업그레이드시켜줄 것이다. 더불어 일과 인간관계도 기름칠을 한 것처럼 부드럽고 원만해질 것이다. 유머 있는 사회인으로 자기 자신을 한 단계 끌어올리자.

유쾌하고 즐거운 생활을 위해 다음의 방법을 하루에 한두 가지 이상 실천해보자.

◆ 웃으며 인사한다

웃으며 인사하기 가장 좋은 시간은 출퇴근 시간이다. 회사 안팎에서 만나는 사람은 모르는 사람이라도 자연스럽게 웃으며 인사를 건네보자. 상대방과 눈이 마주쳤을 때 먼저 미소부터 짓는 습관은 아름다우며 호감을 준다. 한결같이 늘 웃으며 사람을 대한다면 인상까지 달라지게 된다.

◆ 억지로 웃기기보다 한마디 칭찬이 낫다

유머 감각을 키우기 위해서는 웃음의 코드를 찾아야 한다. 사람들은 일상적이고 긍정적인 대화를 나눌 때 더 많이 웃는다는 연구 결과가 있다. 억지로 웃기려 하지 않아도 일상의 대화만으로도 상대방을 웃음 짓게 할 수 있다. 칭찬을 하면 더 좋다. 충고나 조언, 비판은 멀찌감치 던져버리고, 아주 사소한 부분이라도 찾아 칭찬을 하자. 상대방은 물론 당신도 기분 좋게 웃을 수 있다.

◆ 한 가지만 바꿔보자

링컨 대통령이 구두를 닦고 있을 때 기자가 다가와 말했다.

"각하! 대통령께서 직접 구두를 닦으십니까?"

그러자 링컨 대통령이 응수했다.

"그럼 미국 대통령이 남의 구두를 닦겠습니까?"

대통령이 "자기 구두를 닦는데 뭐가 이상합니까?"라고 말하는 대신 다른 말은 그대로 둔 채 '남의 구두'라는 말만 살짝 끼워 넣자 예상 밖의 반문이 만들어졌다.

우리가 흔히 하는 표현에서 한마디만 비틀어도 이렇게 웃음을 자아낼 수 있다. 고정 관념의 실체를 확인함으로써 사고를 전환하고 웃음의 소재를 찾아 응용하는 첫걸음은 어렵지 않다. 고정관념이나 상식 뒤집기, 속담 뒤집기, 과학 법칙 뒤집기, 예의 범절 뒤집기 등 생각을 뒤집는 데에는 어떤 금기도 없다.

◆ 열린 마음으로 웃을 자리와 소재를 찾아라

웃을 일이 없으면 웃을 '자리'와 '소재'를 만들고 찾아보자. 코미디 프로그램도 보고, 넌센스 퀴즈도 풀고, 유머책을 읽고, 즐거운 게임도 해보자. 이밖에도 잘 웃는 사람과 잘 웃기는 사람들이 모인 동호회나 모임에 나가 그들과 어울려보자. 웃으면 생기는 근육이 발달해 얼굴 표정도 밝게 바뀐다. 시원하게 웃을 준비를 마치면 효과가 더 좋다.

◆ 스토리로 시작하라

이야기를 싫어하는 사람은 없다. 어떤 유머로 시작해야 할지 감이 잡히지 않으면 연설이나 대화 중에 다른 곳에서 보거나 들은 재미있는 이야기를 살짝 끼워 넣자. 크게 재미있지 않더라도 당신에게 유머 감각이 있다는 사실을 전달할 수는 있다.

유머 감각을 개발하는 방법은 책, 신문, 잡지, TV와 라디오 프로그램, 인터넷 등에서 소스를 얻는 것이다. 가장 간단한 전략은 이미 내 주변에 있는 매체부터 시작하는 것이다. 대부분의 전문 잡지들에도 유머 코너가 있다. 이러한 잡지나 출판물들을 참고하고 코미디 프로그램도 즐겨 보도록 하자.

◆ 본론으로 바로 들어가라

유머의 서론은 길지 않아야 효과적이다. 사람들은 이야기가 길어지면 재미있게 들어야 할 부분까지 기다리지 못한다. 또한 다른 사람의 외모나 신체의 결점, 동료의 실수를 비꼬는 유머는 좋지 않다.

설혹 그런 것을 소재로 삼더라도 무시하거나 조소하는 내용이 포함되면 안 된다. 사람들을 웃기려면 서두를 짧게 말하고 바로 본론으로 들어가는 것이 좋다.

◆ 서비스 정신으로 무장하라

위에 있는 상사, 아래에 있는 부하, 앞에 앉은 동료에게 서비스 정신을 발휘하자.

출근할 때도 먼저 미소 지으며 인사하고, 때로는 애교 있는 서비스를 하면서 귀여운 투정과 억지도 부려보자.

동료가 어려운 일을 혼자서 하고 있을 때 거들어주면서 "내가 무척이나 고맙죠? 웃지 말고 나한테 빚 지는 거니까 카푸치노 커피로 확실히 갚아요. 알았죠?"라고 말해보자. 동료는 커피를 사면서 온 얼굴에 웃음이 가득해질 것이다.

4

꿈을 향해
움직이는
길

2

목표가 정해졌으면 그에 다다르기 위한 가장 빠르고 정확한 길을 찾아내는 것이 다음 단계다.

꿈을 꾸고 이루는 일은 막연한 공상이나 상상과는 전혀 다른 차원이다. 비록 처음에는 상상에서 비롯되었을지라도 현실적으로 꿈을 이루기 위해서는 '계획'과 '관리'가 필요하다. 앞서 말한 생활 속 습관이 기술적인 면, 방법적인 면이 강조되었다면 이 장에서 이야기할 리모델링, 자기 브랜드 만들기, 휴먼 네트워크, 시간관리 등은 '습관+α'가 필요하다. 습관, 태도, 행동 등 각각의 요소들이 한데 녹아들어야 하며, 이들은 서로 연관되어 있어 하나를 성공하면 나머지 것들은 더 수월해진다는 특징이 있다. 또 이것은 단시간에 이루기가 매우 어려운 일이기도 하다. 자기가 목표했던 것을 이룬 후에도 더 높은 목표를 이루기 위해 목표를 상향조정하면서 끊임없이 앞으로 나아가야 한다는 점도 미리 알아야 한다.

제아무리 잘 지은 집이라도 시간이 흐르면 조금씩 망가지고, 여기저기 손볼 곳이 생기게 마련이다. 우리의 꿈이나 목표도 다르지 않다. 처음 가졌던 꿈, 세웠던 목표가 생각처럼 되지 않는다고 낙담하지 말고 조금씩 수정, 보완하면 된다. '리모델링'이란 기존의 집을 모두 부수고(기존의 자신을 모두 부정하고) 새로운 집을 짓는 게 아니라, 더 좋은 집을 가지기 위해 조금씩 손을 보는 것이다. 이러한 변화를 즐기고 자신감을 되찾는 과정을 통해 지금보다 더 나은 꿈을 꿀 수 있을 것이다.

현대 사회에서 자신만의 스타일을 가진다는 것은 매우 중요하다. 그것은 단순히 남과 구별되는 개성이 될 수도 있지만 궁극적으로는 한 분야의 전문성을 갖춘 개인의 '경쟁력'의 시작이 되기 때문이다. '나'라는 브랜드, 즉 '퍼스널 브랜드'를 발굴하고 키우기 위해서는 인맥 관리, 시간 관리와 같은 부단한 자기 계발이 필요하다.

이 모든 것을 혼자서 다 해낼 수는 없으며, 다른 사람과 교류를 통해서 더 원활히 이룰 수 있다. 휴먼 네트워크, 즉 인간관계가 잘 풀려야만 하고자 하는 일이 잘 해결될 수 있다. 그러나 타인을 이용하겠다는 얄팍한 생각으로는 절대 다른 이의 마음을 얻을 수 없다. 상대에 대한 진심과 배려만이 진정한 인간관계를 풍성하게 만들 수 있다.

자신감을 리필하라

　모든 것은 시간이 지나면 낡고 망가진다. 따라서 아파트뿐 아니라 사람의 인생에도 리모델링이 필요하다. 리모델링은 맨땅에 헤딩하듯 새로이 쌓아올리는 것이 아니라 그간의 노하우를 바탕으로 시작하는 것이기 때문에, 이전보다 더 좋은 결과를 낼 수 있다. 그러나 지금까지 익숙했던 것을 허물고 새로운 것을 시작하기란 쉽지 않다. 자칫 낙담과 실패로 시작도 하기 전에 주저앉게 될 수도 있다. 하지만 기름이 떨어진 자동차에 주유를 하듯 자신에게 충전을 한다고 생각을 바꿔보자. 특히 '자신감'은 새로운 시작에 가장 큰 힘을 주는 긍정의 에너지다.

바닥이라고 생각하면 차고 일어나라

　어떤 일을 처음 시작하는 사람이든, 몇 번의 실패를 거듭한 후 다시 마음을 다잡은 사람이든, 성공하려면 '자신감'이 필수적으로 뒷받침되어야 한다. 누구도 대신 줄 수 없는 이 자신감은 자기 안에서 찾아내야 할 가장 중요한 덕목이다.

사람들은 점차 무엇인가 해보려는 의지나 할 수 있다는 자신감을 잃어버리고 있다. 자신감은 한번 잃기 시작하면 걷잡을 수 없으므로 다잡기가 힘들어진다.

'나는 부족하다', '나는 할 수 없다'만을 되뇌이면, 단점과 결점만 크게 보이고, 급기야는 스스로를 못난 사람으로 치부하고 만다. 기껏 나를 찾았다고 생각하는 순간, 형편없는 자신의 모습 앞에서 실망하게 되는 것이다. 게다가 이렇게 한없이 빠져들게 되는 못난 생각들은 필요 이상으로 과장된다. 별것 아닌 단점이 또 다른 작은 결점을 만나면서 파괴력이 커지는 것뿐인데도, 실제로 자신을 아주 무능하고 보잘것없는 인물로 재단해버린다. 이는 자신감을 잃었을 때 누구에게나 나타나는 일반적인 속성이기도 하지만, 생각을 바꿔야 한다. 자신감은 끊임없는 내적 화학 반응을 통해 무한대로 재생산되는 인공 자원 같은 것이다. 스스로를 믿고 존중하면 대담하게 시도할 수 있는 용기가 생기며, 이로 인한 자신감은 우리를 적극적이고 긍정적인 낙천주의자로 만들어준다.

긍정적인 에너지를 채워 넣자

자신감은 자신의 능력을 믿고 자신의 가치를 인정하는 자에게만 샘솟는다. "나는 가치 있는 사람이다", "나는 소중하며, 세상이 필요

180

로 하는 사람이 되겠다"라는 의지는 현실에서 긍정적인 에너지를 생산해낸다. 세일즈맨을 CEO로, 웨이터를 매니저로, 비서를 관리자로, 중소기업 사장을 그룹 총수로 만들어줄 수 있는 가치와 변화를 가져올 수 있다. 물론 이러한 인생 반전은 하루아침에 이루어지지 않는다. 그것은 자신을 스스로 소중하게 생각하는 마음에서 싹트는 것이다.

자신감이 있으면 어떤 위기를 만나도 허둥대지 않는다. 자신감이 마법처럼 극복할 수 있는 힘을 주기 때문이다. 긍정적인 생각의 반복은 꿈을 현실로 만드는 과정을 단축시켜준다.

'나는 할 수 있다' 라는 긍정적인 자기암시는 성공의 정신적인 씨앗이다. 꽃을 피우기 위해 씨앗을 심고 물을 주고 거름을 주듯, 성공이라는 꽃을 피우는 데에도 필요한 양분들이 있다.

"나는 할 수 있다. 남들도 하는데 내가 못할 이유가 없다"라는 말을 반복하다 보면 가랑비에 옷 젖듯 어느새 내면도 강인하게 변모한다. 자신감이 내 안에서 모두 소진되었다고 느껴질 때에는 무력하게 응시할 것이 아니라, 적극적으로 다시 채워 넣으면 된다. 긍정적인 힘과 자기 비전이야말로 부작용이 없고 확실한 효과가 있는 충전재이다. 자신감은 이런 재료를 통해 다시 채워진다. 자신감을 잃어서 할 수 없다는 생각은 핑계에 지나지 않는다.

부작용 없는 성형을 하라

미국의 제16대 대통령 링컨이 한 비서관으로부터 각료 후보를 추천받았다. 그의 이름을 듣자마자 링컨은 "나는 그 사람 얼굴이 마음에 들지 않아요" 하고 즉시 거절했다. 비서관이 "사람의 얼굴이야 부모가 만들어준 것이니 어쩔 수 없는 일 아닌가요?" 하고 말하자, 링컨은 "아닙니다. 태어날 때의 얼굴은 부모가 만들어준 얼굴이지만 그 다음부터는 자기 자신이 얼굴을 만들어가는 것입니다. 모든 사람은 40세가 넘으면 자기 얼굴에 책임을 져야 합니다"라고 말했다.

긍정적인 내면 성형

"어? 어딘가 달라졌는데요? 혹시 연애라도 해요?"

연애를 시작한 지 한 달이 채 안 됐는데 동료가 귀신같이 알아본다.

182

"얼굴에서 빛이 나네. 요즘 무척 편안해 보이는데 무슨 좋은 일 있어요?"

얼마 전에 두 번째로 자격증 시험에 도전해 합격하고 스트레스가 확 사라졌는데 어떻게 알았는지 신기하다.

"이야~ 네가 그 초등학교 때 말썽꾸러기 맞냐?"

코흘리개 시절 동창생을 거리에서 만났는데 성실하고 준수한 사회인으로 변모했다.

이런 일들은 흔하게 볼 수 있다. 매일 마주치던 동료, 친구, 선후배 등이 갑자기 매력적으로 보일 때가 있다. 매력은 정형화된 형태가 아니다. 성형수술로 드러나는 부분만 아름답게 만든다고 해서 모두 매력적으로 보이는 것은 아니다.

나이가 들면서 만들어지는 얼굴은 그가 가진 생각, 가치관, 생활 태도가 만든, 그 사람만이 풍길 수 있는 향기다. 긍정적인 생각을 가지고 사소한 것에도 즐거움과 감사를 느끼며 마음의 평화를 유지하고, 신념과 열정과 소신을 가지고 사는 사람들은 장기적으로 성형을 하는 것과 다름없다.

이러한 장기 성형은 긴 시간과 꾸준한 노력이 필요하지만, 조금만 변화해도 주위 사람들은 그 변화를 알아보고, 크게 느낀다. 욕심과 욕망을 조금만 덜어내는 생활을 실천하자. 현재의 삶에 대한 적잖은 불만, 가지지 못한 것에 대한 욕망, 세상에 대한 부정적인 시각, 받쳐주지 않는 환경 탓까지……. 끊임없는 불만과 욕망 사이에 자신을 불편하게 두는 것은 얼굴에 가장 큰 적이다.

과한 욕심과 욕망을 버리고 끊임없이 마음의 평화와 긍정적 신념을 잃지 않도록 자기를 되돌아보고 마음을 닦아야 한다. 이러한 내면의 성형은 몇 번을 해도 부작용이 없으며, 효과는 100% 확실하다.

무엇으로 매력적인 얼굴을 만드는가

인기 있는 스타 중에서 기가 부족하고 어깨가 처지고 눈이 풀린 사람은 없다. 인상이 좋고 매력적인 사람에겐 알 수 없는 에너지가 충만하다. 그런 에너지가 사람을 끌어모으고 때로는 열광하게 만든다. 어깨는 당당하고, 눈빛도 마음의 안정을 보여주듯 흔들리지 않는다.

시선을 맞추는 행동은 여러분이 상대방에게 진심으로 집중하고 있다는 것을 나타낸다. 특히 서비스를 제공하는 사람들은 대개 동일하고 기계적인 업무를 반복할 수 있는데, 고객을 응대하면서 서류를 보거나 컴퓨터 키보드를 두드리는 일은 삼가야 한다. 구직자가 불안한 눈빛으로 면접관의 질문을 피하며 우물쭈물하는 태도는 탈락 1순위다. 누구와 대화를 하든지 눈동자를 이리저리 굴리지 말고 흔들리지 않는 안정된 눈빛으로 자신 있게 바라보는 것이 중요하다.

하루에도 몇 번씩 인사를 하고 악수하며 지내면서도 정작 소리를 내어 잘 들리게 인사하는 사람은 많지 않다. 대부분 조용하게 눈인사를 하거나 입안에서 맴도는 작은 소리로 인사한다. 하지만 아침에 만나는 사람에게 밝은 목소리로 경쾌하게 인사하면 한 번 더 눈길이 가게 마련이다. 날마다 직장에서 유쾌하게 보내기 위해서 오늘부터 존경심과 감사한 마음이 깃든 인사를 몸에 배게 해보자.

이것은 남에게 잘 보이려는 노력이기 이전에 나 스스로 즐겁고 활기찬 하루를 만들어가기 위한 능동적인 자세이며, 이런 사람은 당연히 매력이 넘치게 마련이다.

첫 만남부터 비즈니스 거리를 좁혀라

'처음'은 무엇이든 긴장되게 마련이다. 특히 비즈니스로 사람을 만나는 일은 하나부터 열까지 신경이 쓰인다. 처음 만났을 때 상대가 내 이미지를 어떻게 볼까, 호감을 가질까, 내가 기선 제압을 할 수 있을까 등, 걱정스러운 점이 이만저만이 아니다. 점검하고 또 점검해도 부족하게 느껴진다. 처음 하는 일이나 낯선 상황에 접했을 때는 누구나 긴장하다 보니 필요 이상 겸손해하거나 주눅이 들게 된다.

"제가 이 업무를 담당한 지 얼마 안 되어서 서툰 점이 많으니 잘 부탁드립니다"와 같은 표현은 불필요하다. 처음 만날 때 어떤 말로 입을 떼는가는 첫인상에 크게 영향을 미친다. 그럴 때일수록 더 당당하고 노련한 듯이 자기를 무장할 필요가 있다.

"만나게 되어서 반갑습니다. 이 업무를 담당하게 된 아무개입니다" 혹은 "시간 내주셔서 감사합니다" 등과 같은 말로 얼마든지 상대와 대등한 관계를 유지하면서도 좋은 인상을 남길 수 있다.

비즈니스 미팅에 나서기 전에 스스로 잘할 수 있다는 믿음을 가지자. 거울을 보며 여유 있는 표정도 지어보고, 당당한 자세를 연습할 필요도 있다. 고객에게 나약하고 자신 없는 이미지를 보이면 당신을 과소평가하고 어쩌면 무시하거나 애를 먹일지도 모른다. 부정적인 말은 접어두고 긍정적인 메시지를 전해보자. 결과가 좋지 않을 때를 대비해 구차한 변명거리를 보험처럼 늘어놓는 일도 삼가자. 또 첫 만남에서 지나치게 권위적이거나 사무적인 말로 시작해서는 좋은 인상을 주기 어렵다.

사람은 영혼과 생명, 생각을 가진 존재이며 이는 얼굴에 반영되게 마련이다. 이 모든 것이 조화로울 때 비로소 매력적인 얼굴이 완성된다. 조금만 더 생각하고, 긍정적인 마음으로 부지런하게 생활하면 당신의 얼굴에도 삶에도 큰 변화가 찾아올 것이다.

달콤한 독을 조심하라

살면서 한번 굳어진 습관이나 버릇은 좀처럼 고치기 힘들다. 아침마다 늘 밥 먹을 시간도 없을 정도로 촉박하게 일어난다거나, 일찍 일어나서 무엇인가 꾸준히 해보겠다는 사람이 저녁에 술자리에 나간다거나, 자격지심에 사로잡혀 무슨 일을 해도 자신감 없고 공격적이 되는 등 모든 부정적인 일들은 사람과 생활을 갉아먹는다.

또 사람은 혀의 달콤함 못지않게 정신의 달콤함에도 무력하다. 게으름과 위로는 참으로 달콤하다. 할일이 태산 같은데 잠깐씩 다른 일에 한눈을 파는 일, 난감한 처지에 있거나 어려운 형편에 놓이게 되었을 때 주변에서 받는 위로 등은 그렇게 따뜻하고 달콤할 수가 없다. 이런 경우 문제를 정면 돌파하거나 어떻게든 극복하려는 의지가 약해질 수 있다. 이 달콤한 유혹이 얼마나 큰 장애물인가를 빨리 알아차려야 한다. 나를 딱하게 보고 가엾게 보는 사람들의 시선을 뿌리치고 일어나야 한다. 나에게 용기를 북돋워주는 사람들에게는 고마운 마음을 갖는 데 그쳐야지, 그것에 안주해서는 안 된다.

이것은 변화에 강력하게 반항하는 나쁜 인자로, 변화하려는 우리의 욕구에 장애가 된다. 나를 변화시키지 않고 남을 변화시키거나 설득할 수 있는 방법은 어디에도 없다. 나를 변화시키지 않고 보상이나 성과를 기대하는 것은 입을 벌리고 감나무 아래에서 감이 떨어지기만을 기다리는 것과 마찬가지다. 조직이든 개인이든 어떤 분야에서 뛰어난 능력과 성과를 보여주려면 급격한 변화에도 흔들리지 않고 안정되게 착륙할 자세가 갖춰져 있어야 한다.

일을 시작하기 전의 '나'에서 일에 적합한, 일을 해내기 위해 준비된 '나'로 발전하는 것이 필요하다.

변화에는 반드시 대가가 따른다

모든 변화에는 반드시 대가가 따른다. 나를 편하게 했던 것, 나를 게으르게 했던 것, 내가 좋아하는 것까지도 포기해야 할지 모른다. 그렇게 포기하는 과정 속에서 자신이 새로운 모습으로 리모델링된다고 할 수 있다. 시간을 쪼개 사용하든, 내 안에서 열정을 퍼내든, 잠을 줄여가며 발바닥에 땀이 나도록 뛰든, 어느 정도 대가를 치러야 한다.

아무것도 포기하지 않고 변화하는 것은 애초부터 불가능한 일이다. 변화의 대가를 톡톡히 치른 사람만이 적극적으로 움직인다. 이러한 자세의 변화는 필연적으로 행동의 변화를 낳는다.

그런데 대부분의 사람들은 조바심을 내면서 당장 어떤 성과가 나오지 않으면 초조해하고 실패에 대한 두려움으로 견디기 힘들어한다. 자신의 급한 성미를 탓하거나 자신의 변화가 부족했던 것을 탓하기보다는 성과가 보이지 않는 일의 비전에 의심을 품고 회의를 가지는 것이다.

변화에 적응하면서 내는 빛나는 성과는 다른 사람이 먼저 알아본다. 멋지게 차려입거나 좋은 차를 타고 다니지 못한다 해도 사람들은 "어, 저 사람이 어딘가 달라졌네?" 하고 관심있게 바라보며 생각한다.

변화를 사랑하는 사람은 두려움이 없고, 변화를 즐기는 사람은 무엇이든 받아들인다. 그들은 세상에 대해 너그럽고 늘 무엇인가 새로운 일을 찾는 것을 게을리하지 않는다. 삶은 유동적이며 끊임없이 변화한다. 그 안에서 숨 쉬고 사는 우리는 결코 무풍지대에서 살 수 없다. 변화를 사랑하면 삶도 즐거워진다.

나를 움직이게 하는 모델을 찾아라

열심히 산다고 생각하다가도 문득 내가 과연 잘하고 있는 것인지, 가야 할 길을 제대로 가고 있는 것인지 돌아보게 된다. 생각이 풀리지 않을 때는 가까운 스승이나 선배가 있으면 조언을 구하고 싶기도 하다. 이쯤 되면 선생님이나 부모님의 조언이 성가시기만 했던 학생 시절이 오히려 그리워진다. 누구에게나 멘토나 롤 모델은 필요하다. 롤 모델은 자신의 멘토에서 찾기도 하고, 넓은 의미에서 책이나 다른 매체를 통해 찾기도 한다. 당신에겐 닮고 싶은 사람이나 당신의 삶에 영향을 주는 조언자가 있는가.

누가 내 가슴을 뛰게 하는가

당신의 책상 위에는 한두 권의 책이 있을 것이다. 아마 빌 게이츠, 워렌 버핏, 버락 오바마, 안철수 등 이 시대를 이끄는 사람들이 표지를 장식하고 있을지 모른다.

교황 요한 바오로 2세는 생전에 신학자 에스크리바를 자신의 롤 모델이라고 했다. 컴퓨터 공학도들은 빌 게이츠나 스티브 잡스, 손정의 같은 인물을 롤 모델로 삼을 것이고 영화감독을 꿈꾸는 사람은 스티븐 스필버그, 임권택, 박찬욱 같은 감독 등이 자신을 꿈으로 이끄는 사람일 것이다. 그들의 삶과 성공 스토리는 가슴을 설레게 한다.

마음속에 이런 인물을 품고 그를 닮기 위해 노력하는 사람과 단 한 명의 롤 모델도 없이 긴 여정을 가는 사람의 동력은 분명 다를 것이다. 롤 모델의 존재 여부에 따라 사업의 성패가 달라진다. 롤 모델은 사업가가 끊임없이 목표를 세우고 노력하게 만드는 모티브 역할을 하기 때문이다.

그런 롤모델이 될 만한 사람은 바로 내 주위에 있을 수도 있고 책 속에서 발견할 수도 있다. 그들의 삶과 목소리를 통해 우리는 모험과 도전, 열정과 실천, 경험과 지혜 같은 것을 얻을 수 있고 생각과 판단을 새롭게 할 수 있다.

나를 움직이게 하는 바로 '그 사람'

일에 있어서는 전문가가 필요하지만, 삶 전체를 비춰보면 꼭 업무와 관계된 전문가만 멘토가 될 수 있는 것은 아니다. 학창 시절의 선생님, 선배, 부모님, 친인척 등 가까이 있는 사람들도 얼마든지 멘토로 삼을 수 있다. 누구를 멘토나 롤 모델로 삼든 중요한 것은 그가 내 가슴을 뛰게 하는 동시에 나를 움직이게 하는 사람이냐는 것이다. 직접 만나서 지지와 지원을 받는 관계가 아니라 책 속의 인물이어도 상관없다.

한비야는 책과 방송을 통해 케냐의 어느 시골에서 만난 젊은 의사에게서 받은 충격을 고백한 적이 있다. 의사는 자신도 피부병에 감염되는 고충 속에서도 "왜 이런 시골 병원에서 일을 하느냐"는 질문에 "이 일은 제 가슴을 뛰게 하기 때문입니다. 제가 나이로비에 있으면 돈도 벌고 명예도 얻는 여러 의사 중의 한 사람이겠지만, 지금 저는 저를 절실하게 필요로 하는 사람들 속에서 행복합니다"라고 말했다.

한비야는 그가 롤 모델이라고 명확하게 밝히지는 않았지만, 자신이 오지 여행가에서 긴급 구호팀장으로 변신하게 된 결정적인 이유가 그 의사와의 만남이었음을 숨기지 않았다. 다른 나라의 사람, 한 번도 만나본 적이 없는 사람이라도 그를 연구하고 닮으려고 노력하기 위한 첫걸음을 떼는 것이 중요하다. 자신에게 첫 걸음마를 시켜주는 인물이 바로 최적의 롤 모델이다. 어려운 일이나 결정해야 할 일이 있을 때는 '그분이라면 어떻게 할까?'라는 생각만으로 답을 얻을 수도 있다. 그분의 삶이 곧 자신의 생각과 의사 결정을 하는 데 지침이 되기 때문이다.

나는 누군가의 가슴을 뛰게 하는가

'세리 키즈'라는 말이 있다. 박세리의 골프를 보면서 자란 우리나라 20대 초반의 골퍼들을 말하는데, 이들은 각종 대회에서 두각을 나타내며 박세리의 위상과 영향력을 분명히 보여준다.

어떤 사람을 모델로 삼고 노력하는 것은 노력 이상의 효과를 제공한다. 그런 의미에서 롤 모델은 단순히 이상적 모델이 아니라 롤 모델이 또 다른 롤 모델을 낳는 선순환 구조의 정점에 있는 존재라고 할 수 있다. '세리 키즈'들은 박세리처럼 되고 싶어서 그녀의 행동 양식을 따라하다가 성공의 길에 이르렀다. 수많은 시행착오를 거치면서 묵묵히 자신의 일을 계속하여 성공한 사람이 진정한 멘토이며 롤 모델이다. 따라서 당신 역시 누군가의 멘토이자 롤 모델이 될 수 있다.

직장인들 중 20%는 자신의 롤 모델을 직장 상사에서 찾는다고 한다. 직장인에게 스트레스를 주는 1순위가 직장 상사인 점을 떠올리면, 상사는 긍정적인 영향과 부정적인 영향을 고루 주는 강력한 존재라는 것을 실감할 수 있다. 상사의 부정적인 모습을 보고 그것을 긍정적인 교훈으로 삼는 것은 부하 직원의 능력이다. 직장 상사가 롤 모델로서 영향을 가지려면 긍정적인 모습이어야 하며 능력 관리 또한 중요하다. 인간성이 아무리 좋다고 해도 업무 능력 면에서 도움이나 조언을 줄 수 없다면 그냥 마음 좋은 형제나 자매 같은 관계 이상이 되기 힘들다.

자신의 가치를 충분히 인정받기 위해서는 앞으로의 나를 성장하고 변화시킬 직업 설계도 중요하며, 인생이라는 큰 관점에서 구체적인 계획을 세우면서 직업과 직장에 대한 큰 그림을 그리는 것이 필수다. 또 적어도 한 가지 이상은 후배들이 존경할 만한 부분을 지니도록 하자. 빠른 속도로 발전하며 따르는 후배가 있다면 그를 의식하면서 자신 역시 나름의 위치를 지키기 위해 맡은 일에 최선을 다하게 될 것이다. 그런 의미에서 후배는 나를 키워주는 또 하나의 스승이다. 눈빛을 반짝이며 자신을 따르는 후배가 있다면 그 사람을 거울로 삼자. 내가 잘하고 있는지 못하고 있는지는 그 후배의 눈빛으로 가늠할 수 있으니, 외면하지 말고 정직하게 바라보면 된다.

'나'를 브랜드로 키우자

슈퍼마켓에 장을 보러 간다. 라면, 맥주, 우유 등을 살 때 수많은 상표를 달고 있는 같은 종류의 제품 중에서 우리는 어떤 것을 골라 들까. 박지성이 광고한 라면, 장동건이 광고한 맥주, 김연아가 광고한 우유……. 우리는 자신도 모르게 그런 상품을 집어들 확률이 높다. 조금 더 비싸다고 할지라도 브랜드 인지도가 높은 상품에 대한 선호를 무시하지 못한다. 브랜드의 힘은 그런 것이다. 브랜드 경쟁력은 상품에만 한정되는 것이 아니다. 사람 역시 어떤 분야라고 하면 곧바로 '그 사람'이 떠오르는, 브랜드를 가진 사람의 경쟁력이 강할 수밖에 없다. 이런 퍼스널 브랜드는 어떻게 만들고, 발전시킬 수 있을까.

한 분야의 전문성이 내 경쟁력이다
과거와 달리 현대사회는 과학의 발달로 오래 살게 된 만큼 건강하게 일하며 살아야 할 날도 길어졌다. 젊은 시절부터 '경제수명'을 늘리기 위한 치밀한 계획이 있어야 한다. 거기에는 중요한 가치가 점점 달라지고 있는 시대의 변화를 읽어야 하는 일도 포함된다.

과거에는 학벌이나 인맥 등의 백그라운드가 인생의 생존과 성공에서 가장 중요하고 가치 있는 요소였다면, 이제는 그 가치가 달라지고 있다. 무엇보다 중요한 것은 바로 자신이 개발한 스스로의 가치, 자기 브랜드임을 여러 지표들이 알려준다.

퍼스널 브랜드란 쉽게 이야기하면 자신의 '상품성'을 말한다. 세상이 나를 알아주려면 이제 특정한 분야에서 특별한 지식을 가지고 있어야 한다. 무엇이든 잘하여 그 모든 것에 간여하고 참여할 수 있는 1등 주자란 거의 있을 수 없다. 따라서 한 분야의 전문가가 되어야 하는데, 단순한 전문가만으로는 곤란하다. 어떤 분야든지 경쟁이 치열하기 때문에 뚜렷한 차별화 없이는 크게 어필할 수 없기 때문이다. 자신의 능력을 정확하게 알고 이를 세상에 잘 알릴 수 있는 기회를 마련하여 분명한 이미지를 가지면 자신을 브랜드화할 수 있다. 나 개인이 어떤 사람이고 나는 어떤 가치 있는 일을 해내는 중요한 존재인지 알리는 것이다. 이는 단지 자신의 노동력을 비싸게 팔기 위한 것 이상이며, 남과 다른 자신을 발견하고 키워감으로써 이 세상을 사는 의미가 될 수도 있는 것이다. 자신의 가치를 발견하고 거기에 맞춰 브랜드를 계발하는 일은 누구에게나 소중한 자신의 인생을 디자인하는 과정이기도 하다.

좋아하는 일과 재능이 조화로워야 한다

사람은 누구나 특별하게 좋아하는 일이 한 가지씩은 있다. 그러나 자신의 취향에 맞는 일을 찾았다고 다 잘되는 것은 아니다. 축구를 좋아한다고 해서 모두가 유럽의 유수한 프로축구단에 입성할 수는 없는 것처럼 말이다. 중요한 것은 좋아하는 일과 재능이 함께 조화를 이루어야 한다는 것이다. 자기의 재능과 취향이 딱 맞아떨어지는 일을 찾을 때까지는 여러 가지로 가능성을 열어두며 천천히 자신에 대해 관찰하는 것도 중요하다. 즐겁게 즐기면서, 좋아하는 일을 여러 가지로 찾아보는 것이 좋다. 그리고 그 즐거운 일 중에 내 재능을 발휘할 수 있는 일을 골라내야 한다. 거기에서 골라낸 것이 진짜이며, 자신을 하나의 브랜드로 만들 수 있는 가치가 되는 것이다.

물론 어떤 일을 할지 고르는 것으로 끝이 아니다. 그 분야에서 전문가가 될 수 있도록 관심을 더욱 깊게 가지고 공부하고 노력해야 한다.

다음의 사례를 들어보자.

자동차에 이상이 생긴 직장 동료가 김 대리를 찾아왔다.

"어이, 자동차 부품 박사 김 대리. 이거 카센터에 가지고 가야 할라나?"

"아냐, 그거 부품 하나만 교체하면 돼. 내일 사 가지고 와! 내가 갈아줄게."

자동차 하면 곧바로 '김 대리'가 떠오르도록 자동차 박사가 된 그는 자신의 중고차에 대한 애정에서 시작하여 자동차 부품 공부를 하게 되었는데, 이제는 전문가 수준이 된 것이다. 김 대리처럼 '무엇'

하면 바로 '누구' 하고 떠오르게 할 수 있는 나만의 브랜드를 만들 아이템을 찾아야 한다.

주저하지 말고 튀어라

자신의 가치를 발견하는 것 못지않게 중요한 것은 그 가치를 다른 사람에게 알리는 것이다. 내 머리 속에, 내 안에만 머무르는 가치는 공상과 별 차이가 없다. 그렇다면 어떻게 나를 홍보할 것인가. 가장 좋은 방법은 튈 수 있으면 제대로 튀라는 것이다. 물론 이는 아무 때나 아무 일에서나 튀라는 뜻이 아니라, 내가 가지고 있는 비장의 무기가 빛을 발할 수 있는 기회를 놓치지 말라는 의미다. 이것은 이 바쁜 세상에서 나를 남에게 인식시키는 가장 쉬운 방법이다.

이제는 많이 달라졌다고는 하지만 우리나라 사람들은 '튀는 행동'을 너무 어려워한다. 그러나 튀지 않는 사람이 개인 브랜드를 가지기란 정말 어렵다. 브랜드란 사람이나 물건의 존재를 익명의 사람들에게 깊이 알리고 각인시키는 데서 출발하기 때문이다. 그러므로 튀어서 성공하려면 일단 나의 허물을 과감하게 드러내 보일 용기부터 갖고 있어야 한다. 그 용기를 바탕으로 일반적으로 사람들이 생각하는 인습이나 관행에 얽매이지 않아야 한다. 그리고 시대 흐름을 파악하기 위한 정보를 수집해야 한다. 이는 적절한 모임에 참여함으로써 효과를 기대할 수 있다. 자, 이제부터는 회사 안에서 벌어지는 아이디어나 제안 공모에 꾸준히 응모하는 일, 회의에서 기발한 아이디어를 발표하는 것, 관심 있는 분야의 웹사이트나 관공서에 좋은 의견 보내고 모니터링하기, 자기가 좋아하는 일을 사진이나 작품, 기타 방법으로 정리해서 기회 있을 때 남들에게 보여주는 일, 회사 사보에 자기 PR을 효과적으로 하기 등등을 통해서 '나'를 홍보한다.

그러나 이렇게 많은 기회들도 저절로 굴러 들어오는 법은 없다. 열과 성을 다해 찾는 자에게만 주어지기 때문이다. 이렇게 개인 브랜드를 차곡차곡 쌓아가다 보면 조직 내에서 자신의 존재를 긍정적으로 인지시킬 수 있게 되고, 업무 성과도 높일 수 있을 것이다.

파워 퍼스널 브랜드 한비야와 오프라 윈프리

여성으로서 가장 강력한 브랜드를 가진 사람으로 나라 안에서는 한비야, 나라 밖에선 오프라 윈프리를 꼽을 수 있다. '젊은 여성이 가장 닮고 싶어 하는 여성 1위'에 뽑힌 한비야는 서른다섯에 멀쩡하게 다니던 직장을 그만두고 세계의 오지만을 찾아 돌아다니는 오지 여행가로도 모자라, 전 세계 난민을 돕는 긴급구호 활동가가 되었다. 그녀는 어딘가에 매이지 않고 세계를 무대로 사는 '자유인', '세계인'의 이미지가 있다. '세계를 향해 가장 열려 있는 사람, 세계를 향한 편견이 가장 적은 사람'을 브랜드로 가지고 있다. 그녀는 다른 이들이 현실적인 삶 속에서 좀처럼 해낼 수 없는 이상적인 삶을 살면서, 많은 사람들에게 대리만족과 새로운 가치를 전해주는 파워 1위의 퍼스널 브랜드가 되었다.

한편 미국의 방송인 오프라 윈프리는 미 방송가와 출판가를 휩쓰는 절대 권력으로, '토크쇼의 여왕'이라는 명예로운 타이틀을 가지고 있다. 영화와 TV 프로그램 제작, 출판, 인터넷 사업을 총망라한 하포 엔터테인먼트그룹의 대표이기도 한 그녀는 자신의 활동은 더욱 나은 사회를 위해 바쳐져야 한다는 소신을 가지고 늘 따뜻하고 솔직하게 표현하는 방식으로 상처받은 사람들의 마음을 어루만지며 시청자를 열광시켰다.

상품성과 신뢰성이 만나게 하라

진정한 퍼스널 브랜드로 장수하기 위해서는 애정이나 열정 없이 그냥 적당히 흉내 내는 것으로는 불가능하다. 퍼스널 브랜드가 소비자의 마음을 움직이려면 가장 먼저 해야 할 일이 '신뢰감' 쌓기이다. 브랜드가 있는 사람이란 쉽게 말해 한 분야에 깊이 천착한 전문가를 말하며, 이러한 전문지식을 얼마나 대중에게 '상품성'을 가지고 접근하여 자신만의 스타일로 어필하느냐의 문제이다.

나를 잘 드러내주는 적합한 포장 능력 또한 반드시 필요하며 브랜드를 만드는 중요한 노하우이다. 많은 스타들이 자신의 소신을 바탕에 깔고 있긴 하지만 자신들의 이미지를 더욱 좋은 모습으로 지키기 위해 유니세프 대사, 헌혈홍보대사, 금연홍보대사 등 많은 비영리기관이나 공공영역에서 위촉하는 홍보대사에 흔쾌히 임하는 모습을 볼 수 있다.

아무리 좋은 품질의 옷이라도 아무도 알지 못한다면 소용없다. 능력이 아무리 뛰어나더라도 자신을 알리고 홍보하지 않는 한 누구도 당신을 알 수 없다. '자기 일만 잘하면 그만'이라는 인식을 바꿔,

자신의 업무와 관련된 전문성을 꾸준히 키우면서, 바탕에는 진심에서 우러나오는 사람들에 대한 따뜻한 배려와 관심을 갖자. 따뜻하고 인간적인 면을 통해서 자신을 알리고 인맥도 넓히는 일석이조의 효과를 노릴 수 있다. 이것이 오랜 시간 꾸준하게 이루어질 때 당신의 브랜드 효과는 서서히 나타날 것이다. 미래의 한비야는 바로 당신이다.

변신이 아니라 변心해봐

새로운 세기가 시작되고 경영환경이 급속도로 빠르게 진행되면서 아마도 가장 많이 듣게 된 말이 '변화', '변신'일 것이다. 각 기업마다 '변화하지 않으면 기업의 10년 후, 100년 후 미래를 보장할 수 없다'고 하며, 개인과 조직의 변화에 박차를 가하고 있다. 그러나 이러한 변화를 두려워하는 사람들도 많다. 그런 변화와 변신 때문에 직장이나 개인이 송두리째 흔들리는 것만 같아서, 선뜻 그 물결을 타지 못하면서 불안감을 감추지 못하는 것이다. 그러나 새로운 것만 좇는 변덕보다도 더 나쁜 것은 익숙하다는 이유로, 위험하다는 이유로 변화를 받아들이지 않는 것이다.

이제 나를 브랜드화하기 위한 분석이 끝나고, 내가 해야 할 일을 선택했다면 거기에 맞게 과감한 변신을 시도해야 한다. 이러한 변화를 피해갈 수는 없다. 새 술은 새 부대에 담아야 하는 것과 같은 이치이기도 하다. 예를 들어, 최고의 엔지니어가 조직에서 독립해 스스로 경영자가 되어 새 사업을 시작했다면, 그 엔지니어는 기술자에서 경영자로 변신하지 않으면 안 된다. 우선, 옷차림부터 공식 모임에 걸맞은 정장을 입는 등 이미지 메이킹에도 신경을 써야 할 것이다. 회사 직원뿐만 아니라 외부 사람들과의 관계도 돈독하게 만들어야 하고, 업무에 대해서도 결재 권한을 나누어 업무 분담을 하는 등 변신을 꾀해야 할 일은 너무나 많을 것이다. 변화하지 않고 도태되어 있다면 자신은 물론 자신의 회사와 사원들까지 큰 어려움을 겪게 될 것이기 때문이다.

변신을 시도할 때는 우물쭈물 적당히 바꾸려고 하지 말고 과감하게 바꾸어야 한다. 만약 자신의 소극적인 태도가 마음에 들지 않는다면 적극적인 자세로, 남 앞에 나서는 사람들이 부럽다면 스스로 남 앞에 나서는 과감한 변신만이 내가 원하는 삶을 가져다줄 것이다. 처음에는 남의 옷을 빌려 입은 듯 어색하겠지만 변화와 변신에도 금세 익숙해질 수 있다는 확신을 가지고 임해야 한다.

세상에서 가장 아름다운 모습은 바로 '당당함'이다. 변신을 할 때는 어색해하지 말고 당당한 자세를 가져야 한다. 그래야 진정으로 변신에 성공할 것이며, 이는 자연스레 자신만의 브랜드가 튼튼해지는 결과를 가져다줄 것이다. 자, 이제부터 시작이다. 자신만의 브랜드로 다시 태어날 당신의 모습을 상상하며 실천에 옮겨보자.

◆ '나'를 브랜드로 만드는 방법 10단계

1. '나'를 철저히 분석하자.
- 여기서 나의 강점을 찾을 수 있다.
2. 나의 분야를 분석하자.

- 시장조사를 통해 수요 대비 공급이 적은 분야를 찾는다.

3. 선택한 분야의 관련 서적을 100권 이상 읽자.

- 어설프게 알던 것은 완벽하게, 다 안다고 생각했던 것도 깊이 있게 정리할 수 있다.

4. 자료를 모으고 체계적으로 정리하라.

- 온·오프라인을 통해 관련 정보와 최근 자료들을 수집한다.

5. 해당 분야의 전문가를 찾아 배운다.

- 전문가의 강의나 세미나, 토론, 대담 프로그램 등을 통해서 이론과 핵심 기술을 전수받는다.

6. 인터넷 커뮤니티를 운영하라.

- 수집한 정보와 자료 공개를 통해 회원을 확보한다.

7. 뉴스레터 발행인이 되자.

- 정기적으로 정보성 읽을거리의 발행을 통해 자신을 홍보한다.

8. 적당한 매체에 글을 쓰거나 작은 모임에서부터 강의를 시작하라.

- 자기 분야의 이론을 홍보하기도 하고 자신의 능력을 검증받을 수 있다.

9. 브랜드를 완성하라.

- 자기 생각이 담긴 저술 활동을 통해 전문가의 입지를 세운다.

10. 브랜드의 외연을 넓혀라.

- 다양한 분야로 브랜드를 확장하여 높은 가치를 생산한다.

인간관계의 기본기를 찾아라

사람을 만날 때마다 받게 되는 명함. 미처 정리할 새도 없이 빠르게 늘어나기 마련이다. 그러다가 마음먹고 정리하다 보면 그동안 만났던 사람들의 얼굴이 그제야 한 사람 한 사람씩 떠오른다. 직업의 분야를 가리지 않고 인간관계의 중요성이 부각되면서, 인간관계의 폭은 곧 또 하나의 능력이 되었다. 하지만 인간관계는 내 마음대로, 자로 잰 듯 할 수 있는 것이 아니다. 성공을 위해서 계산된 관계, 주었으니 받을 자세만 하고 있는 철저한 '기브 앤 테이크' 정신으로는 한계가 있다.

결국 진심과 정성이다

중장년층 이상 연배의 직장인들 중에는 어린 시절 대가족 안에서 자란 사람들이 많다. 4남매는 보통이고 6남매도 그다지 어렵지 않게

203

볼 수 있었던 시절에 자라났기 때문이다. 대가족의 틈바구니에서 자란 사람들은 이미 자연스럽게 여러 사람들 사이에서 타인의 생각을 빨리 알아차리고 대처하는 눈치가 남다르게 훈련된다. 영어 단어로는 '센스(sense)' 정도가 그나마 가깝다고 할까, 딱히 꼭 들어맞는 단어가 없다고 할 정도로 우리만의 정서 안에서 미묘하게 쓰이고 있는 이 '눈치'야말로 사회생활에서 가장 큰 덕목 중 하나다. 눈치는 이른바 'SQ(사회적 지능지수)'로도 풀이할 수 있는데, 다른 사람에게 좋은 인상을 주고 상대방의 감정과 의도를 감지하는 능력을 말한다.

또 다른 것으로는 NQ, 즉 공존지수가 있다. 이는 새로운 네트워크 사회에서 우리 모두 함께 잘 살기 위해 갖추어야 할 공존의 능력을 일컫는 말로, 더불어 살아갈 수 있는 자격을 알아보는 잣대이며 자신이 아닌 다른 사람들과의 소통을 위한 도구이다. 그러므로 NQ의 또 다른 이름은 행복지수라 해도 크게 틀리지 않을 것이다.

사회적 지능지수와 공존지수에 대한 사람들의 관심이 점점 높아지고 있다. 인간관계, 즉 인맥이 자신의 사회적 성공과 성취를 위해 중요한 부분이라는 사실을 깊게 인식하면서, 이것을 얼마나 잘하느냐에 따라 사회에서 나의 입지와 존재 가치가 달라지는 것을 실감하기 때문이다. 그래서 성공의 문을 두드리는 사람들은 다른 사람과 협력해 문제를 해결할 줄 아는 사람이며, 넓고 다양하며 원만한 인간관계를 가지려는 노력을 구체적으로 기울인다.

결국 인간관계의 기본은 정성이다. 인맥은 당신의 정성으로 만들어진다. 당장 시작하되 길게 보고 교감을 나눠야 한다. 인맥 관리는 시간이 남아서 하는 것이 아니라 없는 시간을 쪼개가며 하는 것이다. 정성을 다해 그들과 말이 통하고, 생각과 느낌이 통하고, 마음이 통하는 사람이 되어야 하는 이유가 그 때문이다. 세일즈 왕이라고 자타가 공인하는 사람들만 보더라도 그들이 고객에게 쏟은 진심 어린 정성과 인내가 곧 그들의 파워 인맥이 된 것을 잘 알 수 있다. '지성이면 감천'이라는 말이 확인되는 경우라 할 수 있다.

적당한 거리와 긴장이 튼튼한 끈이 된다

직장생활에서 인간관계는 친근함만으로 완성되는 것은 아니다. 업무 문제만이 아니라 개인적인 만남도 자주 갖고 식사도 자주 함께 하고 술자리도 잦은 친근한 관계는 얼핏 좋은 인간관계처럼 보이지만 실제로는 단점이 더 많다. 아무리 서로 속내를 드러내는 동기라도 그 관계지향적인 개인적 우정이 오히려 업무적인 면에서는 역효과를 불러일으킬 수 있기 때문이다. 업무적으로도 지장을 가져오면서 공적인 관계를 무너뜨릴 수도 있다. 직장은 조직의 목표나 팀의 목표를 이루어나가야 하는 공적인 장소다. 나를 아는 '다수'가 나의 상식과 가치관, 업무능력과 대인관계에 대해 우호적이고 긍정적으로 볼 수 있도록 행동해야 한다.

관계지향적인 인간관계로는 좋은 업무적 성과를 내기도 어렵고, 친하지 않은 다른 사람들에게는 자칫 오해와 소외감을 낳을 수도 있다. 지나치게 사적인 친분 관계는 퇴근 후 자신의 발목을 잡기 쉬우며 퇴근 후 시간을 잘 쓰려는 계획도 물 건너가기 쉽다. 그래서 아무리 친하다 해도 적당한 거리와 예의를 통한 긴장감을 갖는 것은 인간관계를 길게 이어갈 수 있는 비결이다.

이때 제대로 된 호칭을 쓰는 일은 매우 중요하다. 적절한 호칭은 사람 사이에 거리를 만드는 것이 아니라 업무적 긴장감을 높이게 된다. 나보다 나이 어린 사람에게도 되도록 경어를 쓰는 것이 좋다. 경어는 타인에 대한 존중이며 배려의 자세를 낳는다. 반말을 한다고 해서 친해지는 것도 아니며 존댓말을 쓴다고 무조건 거리감이 생기는 것도 아니다. 공적인 호칭 없이 친하다는 생각에 반말로 편하게 막 대하다 보면 예의는 물론이고 어느새 경우도 없어지고 만다. 그런 일이 쌓이다 보면 그동안의 정 때문에 드러내놓고 말하지 못했던 일들이 차곡차곡 안으로 쌓이는 나쁜 상황이 된다. 넘치지도 모자라지도 않는 이상적인 동료 관계를 유지하기 위해 지금부터라도 꼭 지켜야 할 것들부터 하나씩 챙겨보자.

내가 먼저 달라지자

나이도 먹을 만큼 먹고 가정을 꾸릴 정도로 성숙해진 사람들에게 변화란 무척 어려운 일이다. 무언가를 바꾸려고 해도 잘 바뀌지 않는다. 자기 나름의 가치관이나 스타일이 있기 때문에 그것을 하루아침에 바꾸는 일이란 거의 불가능하다고 봐야 한다. 그 방식을 바꾸거나 남에게 맞추자면 자존심도 문제지만, 일단은 불편하다는 것이 가장 큰 이유이다. 이미 오랜 세월에 걸쳐 습관이 되어버렸기 때문이다.

누구나 나름대로의 자기 습관이나 방식이 있다. 문제는 그 습관이나 일하는 스타일에서 서로 충돌을 일으키는 과정에서 일어난다. 어느 쪽이 더 우월한 방식인지, 더 효과적인지는 그 일을 마친 후 성과를 보면 알 수 있겠지만, 당장은 알 수 없다. 그래서 함께 일하는 사람과 잘 지내지 못하고 커뮤니케이션이 안 되거나 협력이 잘 안 되면 일이 더뎌지기도 하고 생산성이 떨어지기도 하는 등 회사에 출근하는 것 자체가 괴로운 일이 되고도 남는다. 따라서 내 방식이 편하고 좋다고 생각할지라도 내 방식을 다른 사람에게 강요하지 말자. 그에 앞서, 먼저 내 방식만 옳다고 생각하는 자세를 버리는 것이 중요하다. 절대적인 것은 없다. 일하는 방식이 다른 사람들이 잘 지내지 못하는 이유는 서로 화합하고 협동하지 못해서가 아니라, 융통성이 없기 때문이다. 조금의 융통성만 발휘한다면 서로 부족한 점을 보완하면서 더 큰 긍정적인 효과를 얻어낼 수 있다.

"저 사람을 어떻게 내 스타일로 바꿀까?" 하는 생각은 관계를 좋게 하는 데 도움이 되지 않는다. 차라리 "내가 어떻게 달라지면 될까?" 하는 생각이 훨씬 긍정적이고 빠른 변화를 낳을 수 있다. 다른 사람의 행동을 통제하기는 어려워도 내 행동을 통제할 수는 있지 않겠는가. 내가 변화하는 게 빠른 길이다. 무슨 일이든 추진력을 가지고 열정적으로 앞으로 나아가는 사람은 여러 번 검토하고 꼼꼼히 따지면서 작은 일에까지 치중하느라 일을 더디 진행하는 사람에게 짜증이 날 수 있다. 내가 혹시 후자의 스타일이라면 평소에 다섯 번 이상 검토하던 습관을 바꿔서 두 번이나 세 번 정도만 꼼꼼히 살핀 후 조금이라도 빠른 판단을 내린다면 어떨까?

내 스타일을 조금 양보한다고 해서 자존심이 상하거나 밑진다고 생각하면 안 된다. 분명히 상대방의 긍정적인 변화는 곧 나타난다. 자기 행동을 포기하지 않고 몇 가지 '조절만 해도' 나와 다른 스타일로 일하는 사람과의 관계는 얼마든지 좋아질 수 있다. 다만 이러한 조절도 적당히 해야 한다. 다른 사람에게 지나치게 맞추려다 보면 자신의 고유한 색깔을 잃어버리기도 쉽고, 이런 저런 상황에 따라 달라지는 행동 때문에 반대로 불신이나 오해를 낳을 우려도 있기 때문이다.

상대방의 스타일을 찾아라

눈썰미가 좋은 사람이 있다. 이런 사람은 무엇을 보아도 허투루 보는 법 없이 깐깐하다. 반면에 무엇을 보아도 무딘 눈을 가진 사람도 있다. 전에 볼 때와 커다란 차이가 있는데도 그걸 좀처럼 발견하지 못한다. 두 사람의 차이는 관찰력의 차이다. 보기는 똑같이 보면서도 관찰하지 않는 사람과 목적의식을 갖고 보는 사람의 차이 같은 것이다. 관찰력이 있으려면 집중력도 필요하고, 호기심과 목적의식이 높아야 한다.

나와 함께 일하는 사람들을 주의 깊게 관찰하고, 내가 행동해야 할 방향을 잡는 일은 매우 유용한 습관이다. 상대방에 대해 '사람 좋다' '착하다' '악의가 없다' '까다롭다' '정의롭다' 이런 정도의 판단은 쉽게 할 수 있다. 이렇게 단편적이고 두루뭉술한 느낌 말고 그 사람이 일하는 스타일이나 자세, 동작, 제스처, 얼굴 표정, 말투같이 밖에서 보고 느낄 수 있는 것을 관찰함으로써 상대방의 내면을 어느 정도 들여다볼 수 있는 자료를 마련해야 한다.

겉으로 드러날 정도로 화를 내기까지 얼마나 참는 스타일인지, 집중력 있게 일하는 시간이 어느 때인지, 무엇인가 결정을 내려야 할 때 필요한 시간은 대강 얼마나 되는지, 그런 자료를 가지고 있다면 상대방과 일할 때 내가 어떻게 해야 하는지 감을 잡기가 한결 쉽다.

모든 대인관계의 첫 관문은 첫인상이다. 처음 만난 사람은 그 얼굴과 몸짓을 통해 됨됨이를 어림짐작하게 되는 경우가 많다. 첫인상에서 호감을 주면 앞으로의 만남에도 신뢰가 형성되고 영향력이 커지지만, 거부감을 주면 관계는 발전하지 못하고 정지하게 된다.

그렇다면 첫인상을 결정하는 것은 무엇일까? 연구에 따르면 외모가 80%, 목소리가 13%를 차지하며, 많은 사람들이 중요하다고 믿는 인격은 불과 7%밖에 작용하지 않는다고 한다. 이것은 사회적 만남이란 인격과 인격의 만남이 아니라 이미지와 이미지의 만남이라는 것을 잘 보여준다. 한 개인의 이미지나 스타일은 표정, 헤어스타일, 패션, 자세, 스피치, 매너와 에티켓, 제스처 등에 의해 결정된다. 그러므로 처음 만날 때부터 상대방의 스타일을 잘 익혀두는 것이 중요하다.

비판에 애정을 더하라

말은 그 사람의 내면을 빠른 시간에 들여다볼 수 있는 거울이자 창이다. 말 잘하는 사람이 세상을 지배하는 시대가 되었고, 요즘에는 스피치 능력이 성공을 가늠하는 중요한 잣대가 되고 있다. 타인에게 나의 생각을 명확하게 전달할 수 있는 사람은 그만큼 기회가 많아지고, 잡은 기회를 더욱 확고하게 구축할 수 있다. 말은 자신의 이미지를 살리기도 하고 죽이기도 한다. 그러나 사람이 늘 좋은 말만 하면서 지낼 수는 없다. 때로는 일에서든 생활에서든 타인이 원망스러울 때도 있고, 비판하고 싶어질 때도 있다. 또 오해가 있어서 억울하게 되었을 때 당장이라도 달려가 무엇인가 항변하고 싶어질 때도 있다.

그러나 자칫 잘못하다가는 서로 상처가 되기 쉽다. 비판과 주장의 말은 아끼고, 상대를 존중하는 마음에서 시작하는 것이 좋다. 상대를 깎아내리겠다거나 콧대를 꺾겠다는 의도로 시작하는 비판은 자신에게도 지울 수 없는 상처가 되기 때문이다. 칭찬 역시 별로 효과적이지 못할 때가 더러 있다. 칭찬에 대한 준비가 덜 되어 있거나 칭찬할 마음이 아니면서도 그냥 형식적으로 하는 경우이다. 비판과 칭찬은 모두 사람에 대한 애정에서 시작되어야 한다. 비판도 애정을 가지고 해야 하고, 칭찬도 애정을 가지고 할 수 있어야 제대로 전달된다.

이야기가 통하는 관계 만들기

즐거운 일터, 즐거운 가정, 즐거운 사회는 서로 이야기가 통하는 사람이 많을수록 만들어진다. 이야기가 통하는 사람이 하나둘 늘어가면 가정에도 일터에도 즐거움이 샘솟는다. 자기가 중심이 되어 네트워크를 만들어가는 일은 결코 쉬운 일이 아니지만 살아가면서 든든한 재산이 되며, 언제나 무너지지 않는 배경처럼 빛나게 된다.

네트워크의 기본은 타인을 아는 일

사업을 하는 사람은 다른 사람들과의 관계가 더 많이 필요한 법이다. 투자자들이나 스폰서, 광고주, 콘텐츠 제공자, 기술협력사 등을 만나야 하고, 모든 사람들에게 좋은 인상을 심어주기 위해서 때로는 감동을 불러일으킬 수 있는 이벤트도 준비해야 한다. 그러나 그보다 더 중요한 것은 상대방과 만나기 전에 그 사람과 그가 하는 일에 대해 깊고 폭넓은 이해를 가져야 한다는 점이다.

일로 만날 때에는 무엇보다도 상대방의 관점에서 이해하도록 노력하는 일이 중요하다. 그 사람이 처한 입장, 그 사람이 갖고 있는 이익 목표에 시점을 맞춰보도록 하고, 그래서 과연 자신이 그 사람들에게 어떤 이익을 가져다줄 수 있는지를 먼저 파악하자. 이런 준비가 상대방에게 어떤 이미지를 줄지는 말하지 않아도 알 수 있다. 상대방이 자신을 위해 그런 귀찮은 일을 감수했다는 것은 그 자체로 하나의 감동이기 때문이다.

이처럼 세련된 관계의 첫 번째 포인트는 상대방을 제대로 아는 일이다. 내가 잘 보이려고 노력하는 것이 아니라, 상대방을 먼저 잘 알거나 알려고 노력하는 일을 가장 먼저 고려하는 것이다. 사실 이것은 경영자이든, 말단 직원이든 어느 누구에게나 해당되는 일이다. 또한 모든 일을 성공에 다다르게 하는 중요한 비결 중의 하나이기도 하다. 하지만 아무리 '남을 알고 나를 알면 백전백승'이라지만 일터라는 전쟁터에서 이기기 위해, 혹은 내 사람으로 만들기 위해서 타인을 알려고 노력하는 것이라면 곤란하다. 목적에 희생된 계산적인 인간관계는 정상적이지 않기 때문이다. 진실한 마음과 담백한 표현, 준비된 정성으로 감동을 전한다면 훌륭한 대인관계가 어려운 일은 결코 아니다.

신뢰는 한번에 생기지 않는다

믿음과 신뢰는 언제 어디서나 그 사람의 생각과 말, 행동이 일치

되어야 생긴다. 만남이 의미 있는 관계가 되기 위해서는 사람과 사람 사이에 신뢰가 있어야 한다. 믿을 만한 사람, 즉 나를 열어 보여도 해가 되지 않을 사람이라는 믿음, 내가 푸념을 해도 받아줄 것이라는 믿음이 가는 사람, 가끔 부끄러운 모습을 보여도 돌아서서 비난하지 않을 것 같은 사람. 이런 나름의 기준 안에 들어오는 사람에게 신뢰가 쌓이게 된다.

이는 또한 나 자신에게도 해당되는 말이다. 생활 속에서 일관된 행동과 커뮤니케이션 자세를 여러 번, 상대방이 믿음을 보일 때까지 한결같이 보여줄 수 있어야 한다. 믿음은 생각보다 작은 일로 쌓이는 것이 보통이다. 약속시간 잘 지키기, 지키지 못할 약속은 아예 하지 않거나 변경된 사항은 미리 알리기, 무엇이든 잊지 않고 작은 것이라도 자주 함께 나누기 등을 통해 믿음이 생길 수 있다. 힘들 때에만 자기 푸념을 받아줄 사람을 찾고, 자기가 편할 때는 소식을 뚝 끊는다거나, 자기가 필요할 땐 열심히 전화하면서 정작 상대방이 도움을 받으려고 하면 바쁘다고 핑계를 대는 사람이라면 신뢰를 얻기 힘들 것이다.

이런 일은 하루에도 여러 차례 사람과 사람 사이에서 일어나는 일이지만, 결코 사소하거나 작은 일이 아니다. 작은 문제 같아도 한두 번 그런 일이 일어나게 되면 그 사람에 대한 신뢰는 좀처럼 쌓이지 않는다. 갑자기 큰 일 '한 방'으로 신뢰가 단번에 크게 쌓이는 것은 아니다. 생활의 작은 부분에서부터 신뢰를 쌓아가야 한다는 사실을 잊지 말자.

진실은 나의 용기와 끈기를 증명한다

사회생활을 잘하려면 적당한 위선이 필요하다고 생각하는 사람들이 많다. 100% 진실하다가는 괜한 손해를 볼지도 모른다고 여기고, 그냥 적당히 감추고 꾸미는 것이 편하며, 그것이 사회와의 갈등을 줄이는 방법이라 생각한다. 하지만 이런 심리 뒤엔 두려움이 숨어 있다. 쓸데없이 진실해서 괜한 불이익을 가져올 필요가 있느냐고 하겠지만, 사실 감당할 자신이 없다는 편이 옳다. 하지만 용기는 두려움을 느끼는 바로 그때 함께 생긴다. 용기는 두려움 없이는 생기지 않으며, 오히려 그 산물이기 때문이다. 사람들이 나의 진실을 경험하게 하기 위해서는 오랜 시간 의식적인 노력을 기울여야 한다.

또한 나의 태도도 성급해서는 안 된다. 우선 모든 부분에서 진실하고 성실한 자세가 우선이다. 누구보다 자기 자신이 느끼기에 가장 진실한 모습이어야 한다. 사람들은 자신에게 순수한 관심을 갖는 사람에게 호의적이다. 어떤 물건을 팔고 싶은 마음에 상대방에게 접근했다 하더라도 일단 모든 목적과 의도는 던져버리고 순수하게 내가 이 사람과 친구가 되고 싶다는 생각을 가져야 한다. 순수하게 타인에게 관심을 갖고 그 사람의 관심사에 대해 이야기를 나누는 것이다.

가벼운 3명보다 묵직한 1명

대인관계의 달인으로 통하는 A. 그와 한두 번이라도 만난 사람들은 그의 달변과 우수한 친화력에 모두 감탄하며 형님 아우 하면서 지내게 된다. 근엄하고 엄격하기로 소문난 사람이라도 왠지 그의 앞에선 쉽게 마음을 열고 만다. 그의 인맥에 감탄해서 그가 직장을 그만두고 시작한 사업에 자금을 대는 사람까지 있었던 것은 말할 것도 없다. 그런데 이런 사람에게도 치명적인 약점이 있었다. 바로 그러한 인간관계를 오래 지속하지 못한다는 것이 문제였다. 그는 가장 내세울 만한 재산으로 늘 자신의 인맥을 자랑 삼아 말하지만, 그를 좀 더 잘 아는 사람들은 그의 깊이 없는 인간관계에 냉소적이었다. 그래서였을까. 그가 사업에 실패하고 어디론가 잠적했다는 소문이 들려왔을 때 많은 사람들은 그럴 줄 알았다, 라는 반응을 보였다. 그런데 그때까지도 여전히 그의 화려한 마당발과 친화력을 부러워하는 이가 있었다는 점은 아이러니하다.

여기서 얻을 수 있는 교훈은 대인관계를 잘한다는 사람을 그저 막연하게 부러워할 필요는 없다는 것이다. 누구나 사람을 만나고 관계를 갖는 스타일이 모두 다른데, 깊이 없이 자신의 이익과 영리를 위해서만 사람을 가까이한 후 목적이 달성되면 금방 헌신짝처럼 버리는 스타일의 사람은 결코 좋은 결말을 기대하기 어렵다. 문어발식 관계수집가에게 내가 엮였다고 하면 나 역시 기분 좋을 까닭이 없을 것이다. 날마다 100통 이상의 이력서를 받고 사람을 찾아주는 일을 하는 헤드헌터인 B씨는 회사의 데이터베이스를 통해 적당한 사람을 찾기도 하지만, 정말 좋은 인재는 개인적인 인맥으로 구하는 경우가 많다고 한다. 수첩에 이름만 많이 올라 있다고 해서 그 사람들이 모두 내 재산이 되는 건 아니다. 한두 사람이라도 깊이 있게 인간적인 매력과 능력, 깊은 신뢰감 속에서 진정한 관계를 유지할 때 비로소 소중한 재산이 되고 삶이 즐거워진다.

투자 없이 소득 없다

직장생활 7년차인 H는 늘 혼자 밥을 먹는다. 누군가 같이 밥을 먹자고 할까 봐 늘 점심시간에는 바쁜 척하면서 동료들에게 먼저 가서 먹으라고 말하곤 한다. 하루 용돈을 '얼마'라고 정해놓고 빠듯한 생활을 하는 그는 여럿이 어울려 식사를 하면서 때로는 자신이 밥값을 내야 한다는 사실이 부담스럽다. 구내식당 메뉴를 외울 정도로 식사는 늘 구내식당에서 하며, 혼자 자판기 커피를 뽑아 먹으며 점심시간을 보낸다. 저녁시간에도 되도록 약속을 피한다. 얻어먹는 일도 한두 번이지 도저히 후배들과 함께한 자리에서까지 매번 그럴 수는 없다. 식사나 술자리 후의 찻값이라도 내야 하는데, 요즘은 차 한 잔 값도 만만치 않으니 아무래도 부담스럽다. 매번 학원에 간다, 상갓집에 가야 한다, 모임이 있다, 집안에 제사가 있다 하면서 빠져나갔는데 이제는 더 댈 핑계도 없다.

K는 그와 판이하게 다르다. 아무리 호주머니가 넉넉해도 저렇게 늘 약속이 많다는 일이 H에겐 늘 놀랍다. 선배고 후배고 친구고 할 것 없이 연락하고 약속을 잡는다. 자주 못 본 후배, 신세를 진 다른 부서 동료, 입사 동기들과의 약속을 미리미리 잡아놓는다. 밤늦게까지 술 마시는 자리는 많지 않아 보이지만 식사 약속은 자주 있는 편이다. 가끔 아침에 출근해서, 혹은 오후 시간 좀 나른해질 무렵엔 부서에 자판기 커피라도 한 잔씩 죽 돌리기도 한다. H는 K가 은근히 부러울 때가 있지만 자신의 처지를 그다지 나쁘게 생각지는 않는다. K처럼 해봐야 자기 돈만 나간다는 생각 때문이다. 하지만 H의 생각에 동의하는 사람은 많지 않을 것이다. '소비'에 대해 개인적인 소신

이 강하다면 어쩔 수 없지만, 단지 돈 때문에 자신의 생각, 실력, 비전을 알리고 여러 사람과 교류할 기회를 놓친다면, 자신을 알리거나 다른 사람의 도움을 받는 일은 생각도 할 수 없다.

인간관계에서는 출퇴근 시간을 꼬박꼬박 잘 지키고 일을 성실하게 하는 것 이상의 노력이 필요하다. 네트워크에는 시간이 들고 마음이 들고 돈이 든다. 공짜가 없다. 일정 부분 자신의 인간관계를 위해서 쓸 시간과 돈을 따로 떼어놓는 것이 필요하다. 소비계획 안에 어느 정도의 교제비는 필요하다는 의미이다. 전혀 아무것도 들이지 않고, 쓰지 않고 진정한 내 사람을 만들겠다는 것은 욕심이다.

◆ 온라인과 오프라인에서 엮는 다양한 인간관계

온라인 커뮤니티 활동 : 과거에는 사람들이 혈연, 학연, 지연 등을 토대로 한 향우회, 동호회, 동문회, 동아리 등을 중심으로 모였지만 요즘에는 나이, 학교, 직업, 고향 등을 초월해 개인적인 취향이나 필요에 의해 만남이 형성된다. 요즘은 온라인 커뮤니티 사이트에서 맺은 인연이 학연이나 지연으로 맺은 인연보다 더 소중하다고 생각하는 사람들도 많다. 이런 모임은 사회적 다양성과 개방성을 엄청나게 증폭시켜주기 때문에 학연과 지연, 혈연끼리 뭉치는 폐쇄적인 '패거리 집단' 대신에 취미와 재미, 전문적인 관심사를 주제로 한 개방적 공동체가 새롭게 자리 잡게 된다. 1년에 한두 번 드문드문 얼굴 보는 동창회보다 다양한 주제와 소재를 가지고 '넷연(net延)'을 키워나가는 일은 디지털 시대의 소중한 인간관계라고 할 수 있다. 아직도 집과 직장, 향우회나 동창회 정도가 전부인 빈곤한 커뮤니티에서 벗어나보자. 넷연은 내 커뮤니티의 반경을 무한대로 넓혀줄 즐거운 공간이다.

직장 내 동료들과 진정한 네트워크 : 사실 넷연보다 더 중요한 것은 자기 주변 사람들과 잘 지내는 일이다. 자주 만날 수 없는 먼 곳에 있는 사람과, 문자를 통해서 잘 지내는 일은 오히려 쉽다. 좋아하는 일로 만난 동호회는 공동으로 즐기는 주제가 있으니 다른 갈등은 생길 여지가 적다. 그러나 회사 안에서 만나는 사람들과 잘 지내는 일은 곧바로 내 일과 생활이 즐거워지는 일이다. 마음을 열고 진실하고 성실한 자세로 다가가는 것은 직장 내 동료들과 잘 지내는 기본적인 자세다. 인사 한마디를 나누더라도 마음으로 즐겁게 건넬 수 있는 여유와 진정성을 보여주어야 한다. 온라인 네트워크가 아닌 철저한 오프라인 네트워크이기 때문에 말뿐 아니라 마음을 담은 표정, 진실하고 신중한 행동거지 하나하나가 동료들에게 종합적으로 인식되기 때문이다. 조금 더 적극적으로 동료들과 소통하고 끈끈한 관계를 맺고 싶다면 사내 커뮤니티에 가입하거나 직접 커뮤니티를 이끄는 일도 의미 있다.

사람들을 즐거운 자리로 모을 수 있는 능력은 매우 커다란 능력이다. 즐겁고 유익한 자리를 만드는 일을 즐기는 사람이라면 충분히 가능성을 가지고 있다. 처음엔 한두 명과 같이 시작하여 점점 규모를 넓혀간다. 티타임이든, 점심시간 후 자투리 시간 때이든, 저녁 만찬이든, 그도 아니면 온라인의 번개 모임이든 이제부터 네트워크를 이끄는 리더가 되어보자.

의미 있는 타인 저축하기

가족을 제외하고 평생에 걸쳐 자신의 모든 것을 진실하게 터놓고 인간적인 교류를 다하는 친구 한 명만 있어도 그 사람의 인생은 성공했다는 말이 있다. 온 마음을 다한 진실한 인간관계는 한 인간을 함축적으로 평가할 수 있는 잣대가 될 수 있다는 것이기도 하고, 그만큼 그런 관계를 오래도록 유지하는 일이 쉽지 않다는 의미이기도 할 것이다. 사람은 사람 속에서 상처받고 힘들고 괴롭기도 하지만, 결국 사람은 사람 속에서 기쁘고 즐겁고 행복한 감정을 느끼게 될 수밖에 없는 것 아닐까. 따라서 살아가면서 의미 있는 타인과의 사귐을 차곡차곡 저축하는 일이야말로 가장 훌륭한 재산을 모으는 일이라고 할 수 있다.

타산적인 자세를 버리자

진정으로 바람직한 인간관계는 적당히 손해를 보는 가운데 일어난다. 타인을 생각하다 보면 내가 조금 불편한 것도 감수하고 배려하기 위해서 부지런도 떨어야 하고, 자신이 계속 돕고 베푸는 입장에 서야 할 일이 일어나기도 한다. 목적이 있는 인간관계가 반드시 나쁜 것은 아니다. 자신을 이끌어주는 사회적 스승을 두고 도움을 받는 '멘토링'은 의미 있는 목적이며, 자신의 성장에도 꼭 필요한 일이다. 다만 이 멘토링 관계 안에서도 인간적인 진실함이 서로 통해야 하며, 도움을 주는 쪽이나 도움을 받는 쪽 모두가 조금씩 먼저 상대를 배려하는 자세를 가져야 한다.

중요한 것은 양쪽 모두 그 손해를 즐겁게 감수한다는 데 의미가 있다. 직장 안에서의 좋은 인간관계도 그러한 즐거운 손해를 통해 만들어갈 수 있다. 생각해보면 좋은 인간관계, 오래오래 함께 갈 사이, 살벌하다고 말하는 직장 내에서 가족처럼 나를 챙겨주는 사람은 모두 제 실속부터 차리지 않고 타인의 이익부터 고려했기 때문에 형성된 관계이다. 이러한 이타적인 관계는 시너지 효과를 발휘하여 결국 서로에게 더욱 좋은 에너지가 된다.

상대방의 이름을 먼저 불러주자

좋은 사람과 관계를 시작하는 길은 간단하다. 먼저 손을 내미는 것이다. 먼저 이름을 불러주고, 인사하고, 자신이 줄 수 있는 도움을 주는 일이 그 시작이다. 마음이 가는 사람이 있다면 머뭇거리지 말고 표현하자. 단 적당한 거리에서 무난한 방법으로 편안하게 해야 한다. 친하고 싶다고 너무 자주, 너무 부담스러운 방법으로 다가가서는 곤란하다.

어느 교육 관련 회사의 총무과에 근무하는, 이제 직장생활 4년차가 되는 J는 신입사원 시절부터 사내에서 인사 잘하기로 소문난 사람이었다. 옆으로 스치는 사람에게 인사하는 것은 물론이고, 조금이라도 몇 마디 대화를 나눠야 하는 경우에는 잘 모르는 사람에게라도 먼저 "무슨 과의 누구입니다"라고 기본적인 자기 소개를 빠뜨리지 않았다. 이렇다 보니 나중에는 그와 안면이 많지 않은 직원들조차도 "J씨죠? 안녕하세요"라며 전부터 잘 알아온 사람처럼 대하더라는 것이다. J씨의 일에 업무 협조가 잘되는 것은 물론이고 몇몇 사람들과는 업무 외의 일로도 회사 밖에서 친분을 쌓기도 한다.

인간관계를 자신의 일 안에 한정짓지 않고, 일 밖에서도 찾아 폭넓은 시도를 해야 한다는 말에도 의미가 있지만, 사실 인간관계를 일과 일 아닌 관계로 분류하기란 쉽지 않다. 직장에서 업무와 관련된 사람들과 많은 시간을 보내야 하는 직장인들의 경우에는 일 외의 사람과 친분을 쌓고 좋은 관계를 이어가라는 말까지도 스트레스로 다가올 수 있다. 그런 경우에는 먼저 자신의 주위 사람들과 좋은 관계를 유지하는 일이 필요하다. 다만 그 관계를 일로 한정짓지 않고 일 밖으로까지 끌고나가려는 노력을 게을리 하지 않을 때, 지속적이고 돈독한 인간관계로 발전시킬 수 있을 것이다. 언제나 그렇듯 내가 먼저 일어서서, 먼저 손을 내밀고 행동하는 것, 이러한 능동적인 부지런함이야말로 긍정적인 손해이다.

마당발이 되지 말고 마당발을 사귀어라

사회에는 학벌이나 출신 지역, 군대 동기 등 다양한 인맥이 거미줄처럼 얽혀 있다. 사람을 처음 만나면 출신학교나 지역을 묻는 것도 이 같은 인맥의 끈을 찾고자 하는 무의식적인 행동이 드러나는 것이다. 심지어 과거에 같은 지역에 살았다는 것만으로도 상대방과 원만한 대화가 이루어지는 경우도 있다. 하지만 현대사회에서는 발이 넓다는 것이 좋은 일만은 아니다. 오히려 잘못하면 어리석은 인간관계를 주체하지 못하고 쩔쩔매는 일이 생길지도 모른다. 시간에 쫓기는 현대사회에서 무조건 인간관계만 넓히기 위해 뛰어다니는 것은 시간 낭비이기도 하고, 그렇게 어중이떠중이 모인 인간관계는 대부분 쓸모가 없기 십상이다. 또한 시간이 가면 그런 인간관계는 자연히 느슨해지거나 해체되고 마는 것이 보통이다. 그보다는 인맥이 든든한 핵심인물이나 마당발을 한 명 사귀는 것이 도움이 된다.

경험 많고 믿을 만한 조력자가 한 명이라도 있다면 큰 도움이 된다. 그런 사람과 자주 이야기하게 되면 불명확했던 일들에 대해 많은 조언을 얻을 수 있고, 그가 가진 인맥, 노하우 등을 전수받는 행운을 누릴 수 있다. 주위를 둘러보자. 회사 동료, 거래처, 친척, 가족, 친구, 선후배, 동향인, 이웃주민 모두 좋은 인맥이 될 수 있다. 심지어 자신이 일하는 분야에서 이미 활발한 두각을 나타내고 있는 경쟁자도 인맥에 포함될 수 있다. 시장에서는 경쟁자도 언젠가 파트너가 될 수 있기 때문이다. 또 자신보다 뛰어난 동료, 상사, 혹은 후배라 해도 돈독한 관계를 가져야 한다. 인맥 형성에서 놀라운 점은 비록 처음엔 같은 학교 출신, 같은 지역 출신이라는 이름으로 인간관계가 형성되었더라도, 시간이 지나감에 따라 사람들은 통하는 코드나 수준에 따라 나뉜다는 점이다. 그렇기 때문에 성실하고 진실한 마음으로 깊게 진지하게 관계를 발전시켜나가는 것이 중요하다.

사람 연구는 훌륭한 자기 계발이다

다양한 사람이 함께하는 조직에서는 한 명의 엘리트가 아무리 뛰어나다 하더라도 열 명의 보통 사람과는 애초에 경쟁조차 할 수 없게 되어 있다. 성공한 사람의 자서전을 유심히 읽어보라. 그들의 주변에는 늘 사람이 있음을 발견할 수 있다. 현재에 이르기까지 겪어야 했던 수많은 시련과 인생의 전환점에서 항상 인간관계가 새로운 활로를 찾아주었음을 쉽게 알 수 있다.

특히 우리나라의 경우 인간관계는 비즈니스 사회에까지 영향을 미친다. 제품의 질이나 가격 여부를 떠나 인간관계만으로 계약이 체결되는 수도 허다하다. 그렇기 때문에 인간 연구는 필수적이다. 성공한 사람을 연구하고 그를 가까이하려는 노력은 가치 있는 일이다. 부자가 되려면 부자를 가까이하거나 부자를 연구해서 그들의 경험을 내 것으로 만들어야 한다.

든든한 인맥을 형성하기 위해서는 성공한 사람을 찾아야 한다. 성공한 사람, 혹은 성공할 가능성이 있는 사람을 찾기 위해서는 자신이 먼저 성공의 길을 가야 한다. 마라토너들은 혼자 뛰지 않는다. 선두 그룹과 제2그룹, 제3그룹으로 무리를 지어 달리며 결국 우승자는 선두그룹에서 나오는 것이 보통이다. 결국 조직사회에서도 한 관문 한 관문을 통과하면서 성공한 사람들만 남아서 계속 유대관계를 맺는 것이 일반적이다. 비슷한 수준의 사람들이 그룹을 형성하며 달리는 마라톤이라고 생각하면 된다.

인맥 경영의 열쇠는 시간관리

시간의 중요성을 모르는 사람은 없다. 하지만 시간이 지니는 의미를 정확하게 아는 사람은 불과 몇 명 되지 않는다. 비즈니스 사회에서 시간은 단순히 몇 시, 또는 몇 시간이라는 초보적인 숫자의 개념이 아니다. 점심시간을 '점심 먹는 시간', 근무시간을 '일하는 시간'이라는 1차적인 의미의 개념만을 가지고 있지 않는 것은 당연하며, 점심시간까지도 일해야 하는 사람들이 너무나 많다. 직장인에게 시간이란 그의 능력이자 삶의 수단, 성공의 무기이다. 약속시간을 철저히 지키는 사람은 신뢰할 수 있다고 평가한다. 또 아침 일찍 출근하면 유능한 사람, 적극적인 사람이라는 인식을 심어주기에 충분하다. 티타임이나 잡담으로 시간을 때우는 다른 사람들과 달리 그 시간을 남다르게 사용하면, 특별한 평가가 돌아오는 것은 물론 실제 자기 경영에도 커다란 플러스 요소가 된다.

인간관계도 시간 운용을 어떻게 하느냐에 따라 성패가 좌우된다. 남들처럼 일어나서 출근하고 일한 후 저녁 시간을 고만고만한 인간관계로 보내고 돌아온다면 성공적인 삶에 대한 희망을 버리는 것이 낫다. 불가능을 가능으로 만드는 것은 시간밖에 없기 때문이다. 따라서 시간을 잘게 쪼개는 수밖에 도리가 없다. 성공한 사람들의 하루는 끊임없이 각각의 목표와 행동을 요구하는 작은 시간들로 꽉 채워져 있다. 만날 사람, 해야 할 일들로 24시간이 모자란다.

그러나 한편으론 시간을 잘 쓰는 사람들이 사람들에게 이메일로 안부 묻기, 정기적으로 전화하기, 좋은 사람들과 만나 저녁 공연 보기, 자신이 좋아하는 모임에서 활발하게 활동하기, 후배들을 키우며 교류하기 등 의외로 더 많은 것들을 잘 하는 경우를 볼 수 있다. 이런 일을 언제 다 할까 싶지만 그들의 다이어리는 작은 시간 단위로 쪼개져 있고, 하루하루 사람들과의 성실한 교류로 시간을 채워간다.

인간관계는 시간과 마음을 내야 성공적인 네트워크를 이어갈 수 있다. 많은 사람을 만나는 것도 중요하지만 특별하게 돈독하고 두루 도움과 영향을 받을 수 있는 몇몇 사람에겐 더 많은 시간과 더 많은 마음을 내야 한다. 가끔씩 만나면서 한 번 만날 때마다 오래 마주 앉느니, 잠깐씩이나마 자주 안부와 마음과 정보를 따뜻하게 나누는 편이 좋다.

무엇으로 내 시간을 채울 것인가

인생을 즐겁게 산다는 것은 자신의 꿈을 이루어나간다는 것이다. 꿈은 사람에 따라 다르지만 누구에게나 공평하게 주어지는 하루 24시간을 어떻게 사용하느냐에 따라 다양한 결과를 가져올 수 있다. 우리는 늘 시간이 부족하다고 생각하고, 시간에 쪼들리며 허덕대는데, 사실 우리에겐 시간이 없는 것이 아니다. 다만 시간 관리를 전략적·효율적으로 하지 못할 뿐이다.

자신의 시간을 분석하자

시간 경영 전문가인 마이클 포티노가 수년간 수백 명을 대상으로 시간 사용 형태를 조사한 결과, 사람은 일생의 절반 이상을 의미 없는 행동으로 소비한다고 한다. 먹고, 씻고, 자고, 전화 받고, 우편물을 뜯어보는 등의 그런 저런 일들을 다 빼고 의미 있게 자신을 위해 집중하는 시간은 하루 24시간 중에서 9시간 정도가 된다고 한다.

우리가 즐겨 보는 광고에서도 우리들이 평생 동안 몇 시간을 자는지, 몇 시간을 웃고, 몇 시간을 먹는 데 쓰는지 등의 통계를 사용한 일도 있지만, 직장에서 일하고 친구를 만나거나 가족과 함께하고 취미생활도 하는 등 자기 계발에 사용하는 시간은 실제로 많지 않다. 따라서 일생의 절반 이상을 소비하는 의미 없는 행동에 대한 분석을 정확히 하고 그에 따라 줄일 수 있는 시간들을 모은다면 우리는 24시간 모두를 자기가 하고 싶은 일을 하면서 살 수도 있다.

활용할 수 있는 시간이 늘어난다는 것은 그만큼 생활에 여유가 생긴다는 것이다. 또 다른 경제활동을 통해 주머니 사정이 더 좋아질 수도 있다. 나태하고 무기력한 삶에서 얻을 수 없던 성취감을 효율적인 시간 관리를 통해 얻게 되어 마음먹은 것은 무엇이든지 할 수 있다는 자신감도 덤으로 얻을 수 있다.

자신의 하루 일과를 적어보는 일을 한 달 정도 해보자. 시간을 잘 쓰겠다고 굳이 의식하지 말고 이제까지 하던 대로 시간을 쓰면서 먹고, 자고, 씻고, 일하고, 사람을 만나고, 취미생활을 하는 일들을 적어 대강의 평균을 내본다. 한 달이면 1년이 보이고, 1년이 보이면 10년도 보인다. 이렇게 해보면 등골이 서늘하도록 각성이 되는 사람들이 많다고 한다. 나이가 많을수록 시간은 더 빠르게 가는 것처럼 느껴지기 마련이지만, 시간은 생각보다 정말 빨리 간다. 지난 후에 아쉬워하거나 후회하지 말고 바로 지금, 시간에 대한 철저한 분석과 전략적 계획이 필요하다.

일의 순서에 대한 기본과 기준을 잡아라

자기 꿈을 이룬 행복한 사람, 즉 성공한 인물이 가진 예외 없는 특징은 '급하지 않지만 중요한 일'에 집중하고 신경을 썼다고 한다. 반면 평범한 사람들은 70%가 '급하지만 중요하지 않은 일'에 시간을 많이 쓴다고 한다. 자신의 꿈을 이루기 위해서는 이 '급하지 않지만 중요한 일'을 실천하기 위한 습관을 들여야 성공한다.

엊그제 만난 친구 또 만나기, 우편물 정리, 집안 청소 등은 당장 처리해야 할 급한 일들처럼 보이지만, 하루 종일 그 일에 시간을 빼앗기며 바빴던 것에 비하면 '내가 뭘 했지?' 싶을 정도로 마땅히 한 일이 없게 여겨진다.

반면 좋은 책 읽기, 견문 쌓기, 운동하기, 가족 간 정 쌓기, 인맥 넓히기 같은 일들은 급하지는 않지만 소홀히 할 수 없는 중요한 일들이다. 급하지 않다는 이유로 내일 하지 뭐, 나중에 하지 뭐, 한가할 때 하지 뭐, 하면서 뒤로 밀어낸 것들이 쌓여 이루지 못한 꿈, 달성하지 못한 목표에 대한 회한과 한숨, 자괴감을 키우게 된다. '급하지 않지만 중요한 일'들은 평소에 조금씩 꾸준히 해두지 않으면 어느 날 갑자기 얻을 수 없다는 점을 직시하고, 지금부터 시작해야 한다. 또한 이미 일어난 과거의 일에는 시간을 많이 들이지 말고, 앞으로 일어날 미래의 일에 대해 시간을 먼저 많이 쓰는 습관을 들이는 것이 효율적이다. 예를 들면, 어떤 일의 후속 조치를 하는 것은 과거의 일이지만, 사업기획서나 아이디어 제안서를 만드는 일은 미래의 일에 해당한다. 이미 일어난 일을 처리하는 것은 반복적이거나 이미 학습된 것들을 활용하는 것이기 쉽지만, 미래의 일을 처리하는 과정은 많은 상상력과 창조성, 열정이 필요한 일이다.

이 때문에 과거의 일에 치중한다면 미래를 위해 써야 할 에너지를 그만큼 빼앗기게 되는 것이니, 미래와 과거의 비율을 6:4 또는 7:3의 비율로 나누어 처리하는 것이 바람직하다. 그리고 큰일보다는 작은 일, 부분적인 일보다는 핵심적인 일, 쉬운 일보다는 어려운 일, 혼자 할 수 있는 일보다는 함께 할 수 있는 일을 먼저 하는 습관을 들이면 똑같은 24시간도 더욱 길게 느껴질지도 모른다. 이것이 시간이 부릴 수 있는 마법이다.

다이어리를 점검하라

해가 바뀌면 다이어리를 잘 활용해보겠다는 생각을 갖고 있는 사람이 많다. 새 술은 새 부대에 담으라는 말처럼 새 다이어리를 살펴노라면 정말 1년 365일이라는 소중한 시간이 그대로 담긴 채 선물을 받았다는 느낌이 강하게 다가온다. 그런데 지금 당신의 다이어리는 어떤가? 혹시 앞쪽에만 열심히 계획을 세운 흔적과 활기가 느껴지고, 뒤쪽으로는 휑하게 비어 있지 않은가?

다이어리나 수첩은 시간을 만드는 도구라고 할 수 있다. 수첩을 단순히 기록하는 도구로 얕잡아본다면, 빽빽하게 써넣은 내용을 보며 한숨지을 수밖에 없다. 그러니 이제 단순히 업무를 기록하는 차원을 벗어나 다이어리를 좀더 다용도로 활용해야 한다. 다양한 자기계발을 통해 단순한 '회사 구성원'이 아닌 '1인 전문가'로서 스케줄을 잡을 필요가 있다는 것이다. 그런 의미에서 다이어리는 업무 기록을 넘어 인생을 설계하는 도구로 활용할 수 있다. 다이어리는 한 시간 이하의 작은 단위로 쪼개어 시간을 철두철미하게 활용하는 데도 필요하지만, 한 주, 한 달, 1년, 길게는 인생의 장단기 계획까지 기록하고 실천해가는 장도 될 수 있다. 그러기 위해서 다음과 같은 기준을 가지고 사용해보자.

1. 큰 목표부터 잡는 것이 원칙이다 : 꼭 다음해만을 위한 목표가 아니라 자신이 살아나가야 할 삶 전반을 다시 한 번 점검하고 설계한다. 앞으로 이루고 싶은 모든 것들을 다 써보자. 아주 작은 것에서부터 백만장자가 되고 싶은 원대한 소원까지 빠짐없이, 되도록 맨 앞에 쓰도록 한다.

2. 나누고 쪼개어 구체적으로 그려나간다 : 가장 큰 목표 아래 큼직한 목표들을 중간 중간 징검다리처럼 놓자. 1년 목표를 열두 달로 나누고, 다시 한 달 30일의 목표와 계획을 세우는 등 구체적이고 세부적일수록 실천할 확률은 높아진다. 따라서 목표는 큰 것에서 작은 것으로 세워나가고, 실제 오늘 해야 할 일은 가장 나중에 찾아내는 것이 원칙이다.

3. 계획을 잡는 시간도 중요하다 : 치밀하게 자기 목표를 이루어나가려면 연간 계획, 월간 계획, 주간 계획, 일일 계획이 있어야 한다. 이러한 계획을 잡는 시기도 앞서가야 한다. 새해 연간 계획은 이미 12월에 모두 서 있어야 한다. 월간 계획, 주간 계획 역시 마찬가지다. 적어도 전 달이나 전 주에 세우는 것이 시간낭비 없이, 열정이 식지 않도록 앞으로 나아가는 길이다.

잘게 나뉜 시간을 알뜰하게 쓰기

남는 시간이 넉넉하다면 그 시간대로, 자투리 시간이면 자투리 시간대로 틈틈이 책을 읽는다면 당신의 시간 관리는 좀 더 완벽해질 것이다. 독서만큼 효율적인 투자는 없기 때문이다. 읽는 것을 귀찮아하지 말고 두려워하지 말아야 한다.

그럼 시간을 잘게 나누어 잘 쓰기 위한 자기 점검을 해보자.

1. 나는 시간을 한 시간이나 30분 단위로만 나누어 쓰지 않는가?
– 조금 더 부지런하게, 10분 단위, 5분 단위로 나누어 써보자.
2. 나는 자투리 시간을 그냥 흘려보내지 않는가?
– 출퇴근 시간, 점심 식사 후 시간, 약속을 기다리는 시간 등을 다 모아보면 적지 않은 시간이 생긴다. 그것으로 할 수 있는 일을 찾아라. 책읽기가 가장 적합하다!
3. 나는 좋아하는 일부터 하지 않는가?
– 좋아하는 일은 중요한 일이 아닌 경우가 많다.

자기 업무나 자기 계발에 중요한 일을 찾아서 그 일을 좋아하도록 노력하라.

공부가 전략이다

　인간의 수명이 길어지면서 나이에 대한 사람들의 인식도 변해간
다. 예전에는 '공부도 한때' 라는 말이 있었지만 이제는 '평생공부'
라는 말이 트렌드다. '평생공부' 란 공부를 하려는 의지가 중요한 것
이지 공부를 할 시기나 나이, 공부할 내용을 따지는 것은 더 이상 의
미가 없다는 뜻이 담겨 있다. 오히려 요즘은 무엇이든 배우지 않으
면 불안감을 느끼게 될 정도로, 배워야 한다는 위기의식이 강하게
지배하는 세상이다. 학원이나 문화센터마다 수강생이 넘치고, 새벽
이든 늦은 밤이든 가리지 않고 배우려는 사람들의 학구열로 뜨겁다.

누구나 해야 할 공부는 있다

　강남의 한 어학원은 새벽 6시경에 시작하는 영어강좌 수강생이
1,000여 명이나 되는데, 거의 전부가 인근 회사에 다니는 직장인이

라고 한다. 1월에는 수강신청이 밀려 그냥 돌아가는 사람도 적지 않다는데 다수의 직장인들이 '올해는 기필코 영어를 따라잡는 데 성공하리라' 는 항목을 새해 목표에 집어넣었음이 분명해 보인다.

그러나 따져볼 일이다. '공부해두면 좋을 것 같아서' 는 아무래도 명확한 동기 부여가 될 수 없다. 이것만은 꼭 공부하지 않으면 안 된다는 확실하고 절실한 동기야말로 목표를 이루게 하는 원동력이 된다. 그냥 저냥 회사와 집을 왔다 갔다 하면서 월급을 받는 일은 자신을 지나치게 방기하는 것이다. 내 몸값을 높이고, 내 브랜드를 키우기 위해서 이제는 공부를 해야 한다. '나는 공부 머리가 아니야, 학교 다닐 때도 안 했는데 이 나이에 무슨 공부? 책만 보면 졸리는데!' 하는 사람이 있다면 회사가 놓도록 할 때까지 기다리지 말고 지금당장 밥숟가락을 놓을 일이다. 혹시 여성 가운데 '결혼하면 남편이밥 먹여줄 텐데 뭐' 하고 생각하는 사람이 아직도 있는가? 그러나회사는 이런 사람을 귀신같이 찾아내 미리부터 숟가락을 빼앗을 것이다.

현장 위주의 공부를 하자

우리나라는 남녀 학생의 대학진학률에 거의 차이가 없다. 여성은전체 학력인구의 44%가 대학에 입학하며, 이는 남학생 47.4%와 거의 비슷한 수준이다. 졸업 역시 마찬가지다. 그러나 그 다음부터가문제다. 진학률은 비슷하지만 취업률에서는 크게 차이가 나기 시작한다. 아직도 남아 있는 남녀 차별적 고용 형태에 대한 이야기를 접어두면 가장 먼저 걸리는 것이 학과 선택의 차이이다. 진학률은 비슷하지만 많은 여학생들이 취업에 유리한 학과를 고르지 않기 때문에, 즉 사업현장에서 많이 필요한 분야인 경영, 공학 계열의 여학생이 아주 적기 때문에 취업률이 떨어진다고 할 수 있다. 많은 여학생들이 취업보다는 '소질 개발'이나 '인격과 교양 수양' 정도로 대학의 학과를 선택하는 경우가 적지 않다는 것을 알 수 있다. '인적 자원'이 될 만한 학업과는 동떨어지다 보니 취업에서 제외되고 승진에서 낙오하는 경우가 많은 것이다.

지금도 자신의 대학시절 전공과는 관계가 없는 일을 하는 사람들이 적지 않을 것이다. 그렇다면 이것이 장애 요소가 될 수 있고, 그것을 이겨내야 한다. 자신이 일하는 현장에 대한 이해와 심도 높은 연구가 필요하다. 바로 많은 공부가 절실히 요구되는 것이다. 자기의 업무가 뻔하기 때문에 더 공부할 필요를 못 느낀다고 주저앉는 사람이 있다면, 그는 그 자리에서 그대로 뻔한 일만 하며 일터와 집을 시계추처럼 왔다 갔다 할 수밖에 없다. 아니, 그의 업무는 누구든지 할 수 있는 일이기 때문에 금방이라도 누군가 그 자리를 낚아챌 수도 있다. 그러므로 공부는 반드시 필요하다.

자기 계발을 위한 전략적인 책읽기

가장 돈이 안 드는 자기 계발 방법은 뭘까? 역시 '책읽기'다. 그러나 책을 읽겠다고 덤비자마자 난관에 부딪치는 것을 느낀다. 대체무슨 책을 어떻게 읽어야 자기 계발에 도움이 될까. 학생 필독도서를 들춰봐도 모르겠고, 베스트셀러 목록이라고 해서 누구에게나 도움이 되는 것도 아니다. 어떻게 하면 지금의 내게 도움이 되는 책읽기의 방향을 찾을 수 있을까.

◆ 영혼을 살찌우기 위한 독서

규칙적으로 서점에 가서 그저 책을 구경하며 둘러본다. 책과 친해지는 과정이다. 책을 많이 사지 않더라도 책 제목, 저자, 출판 경향 같은 것을 눈에 익히고 돌아오는 방법도 나쁘지 않다. 미술이나 음악 같은 전문적인 분야에 접근하려면 관련된 작가의 에세이나 전기 같은 것을 먼저 읽는 것이 좋다. 또 어른을 위한 만화 교양서도 많이 나와 있으므로, 그런 쉬운 책부터 접근하면 다음 책읽기에 대한 부담을 훨씬 덜고 흥미를 높일 수 있다. 처음부터 완독해야겠다는 지나친 부담도 버리자. 책에 대한 흥미를 높이다 보면 차차 완독하는 책이 늘어나게 될 것이다.

◆ 전문성을 위해서는 연관된 독서를

가장 좋은 방법은 해당 분야의 전문가에게서 책 목록을 받는 것이다. 금융에 관해 전문적인 지식을 갖고 싶으면 그 분야에 정통한 사람을 찾아가서 듣고 배우고 책 목록을 물어서 그것을 찾아 읽고, 그 분야에 정통한 좋은 사전을 찾아서 모르는 용어는 그때그때 확인하고 넘어간다. 또 한 권의 책에서 비롯된 참고문헌이나 본문에 인용된 다른 책으로 독서가 이어질 수도 있다. 책을 읽으면서 관심을 갖게 된 사람이나 지명 등의 고유명사를 메모했다가 그와 관련된 책을 찾아 읽으면 사람이나 사건, 시대에 대해 더욱 입체적인 정보나 지식을 얻을 수 있다.

◆ 독창적인 시각을 기르기 위한 비교 독서

같은 문제에 대해 서로 다른 입장을 대변한 책을 골라 읽으면서 그 의견들 사이에서 어떻게 내 생각이 정리되는지 마음의 변화를 관찰한다. 뿐만 아니라 논쟁거리가 된 책, 표절 시비가 붙은 두 권의 책, 비슷한 시기에 출판된 비슷한 소재의 책 등 서로 비교가 가능한 책들을 골라 읽다 보면 자신만의 생각이 그 사이로 서서히 올라올 것이다. 자기만의 시각을 갖는 것은 목적이 있는 책읽기보다 우연히 만난 어떤 책 속에서 일어날 가능성이 더 크다. 다양한 분야의 많은 책을 읽다 보면 어느새 자신만의 생각이 싹트게 된다.

◆ 책읽기의 완성은 독후 활동으로

자기만의 시각을 갖고 창의적인 책읽기에 익숙해지려면 최소한의 독후 활동이 필요하다. 자신이 읽은 책의 목록을 체계적으로 분류하고 분야별로 어떤 책을 읽었는지 정리하는 과정은 그래서 중요하다. 이와 함께 책의 내용을 자신에게 응용하고 적용할 자료로 쓰기 위한 독서노트도 만들자. 중요한 구절, 내용 요약, 그때그때 느꼈던 생각, 배운 점 등에 더해서 책을 읽으며 떠올랐던 아이디어를 자신의 업무나 생활에 어떤 식으로 적용하면 좋을지 정리한다. 한 권의 책을 다른 사람과 함께 읽고 토론을 나눌 수 있다면 아주 좋은 독후 활동이 될 수 있다.

◆ 함께하면 훨씬 즐거운 책읽기

독서 열정을 이어가게 해줄 친구로 인터넷을 활용하자. 시간이나 장소의 제약으로 오프라인에서 책에 대한 의견을 나눌 수 없는 경우에는 인터넷이 최상의 독서도우미가 된다. 책을 읽고 난 후 자신의 서평을 올리거나 타인의 서평을 살펴보는 것도 좋고, 독서동호회에 가입한 뒤 게시판에 글을 올려 의견을 교류하는 것도 좋다. 포털 사이트의 블로그나 미니홈피에 독서노트를 쓰는 것도 좋다. 이런 곳을 이용할 때의 장점은 방문자들의 호응도에 따라 메모나 글쓰기가 더욱 즐거워지기 때문에 꾸준히 오래 할 수 있다는 점이다. 자신이 읽은 책을 주기적으로 상기하고 독서노트를 읽어보며 실천하는 마음가짐을 지속하기에도 좋다. 그러다 보면 좋은 책을 더 많이 찾아 읽게 되고, 독서 후기를 쓰고, 다른 사람에게 소개하는 즐거움까지 더해져서 책읽기의 즐거움이 한층 커질 것이다.

이제 더 이상 꿈꿀 수 없다고 생각하는가
스무살 때보다 지금 더 꿈꿔라

초판 1쇄 발행   2010년 9월 17일
초판 2쇄 발행   2011년 2월 28일

지은이   전미옥
펴낸이   이대희
펴낸곳   지훈출판사

기획편집   허남희
마케팅   김정식, 윤태영
교정, 교열   이홍림
본문 디자인   디자인 위드
표지 디자인   디자인 올
경영지원   안지영, 김정미
공급처(서경서적)   전화 02-737-0904 팩스 02-723-4925

출판등록   2004년 8월 27일 제300-2004-167호
주소   서울시 종로구 필운동 278-5 세일빌딩 지층
전화   02-738-5535
팩스   02-738-5539
E-mail   jihoonbook@naver.com

편집저작권ⓒ2010 지훈출판사
ISBN 978-89-91974-33-3 03320